Otto Eduard Schmidt

Ciceros Villen

Otto Eduard Schmidt

Ciceros Villen

ISBN/EAN: 9783744632690

Hergestellt in Europa, USA, Kanada, Australien, Japan

Cover: Foto ©Thomas Meinert / pixelio.de

Weitere Bücher finden Sie auf **www.hansebooks.com**

CICEROS VILLEN

VON

OTTO EDUARD SCHMIDT

––––––

SONDERABDRUCK AUS DEN „NEUEN JAHRBÜCHERN FÜR DAS KLASSISCHE ALTERTUM
GESCHICHTE UND DEUTSCHE LITTERATUR" II. JAHRGANG

––––––

MIT 2 TAFELN UND 5 ABBILDUNGEN IM TEXT.

LEIPZIG

DRUCK UND VERLAG VON B. G. TEUBNER

1899

Eine Geschichte des römischen Villenbaues mufs erst noch geschrieben werden. Moderne Vorarbeiten dazu giebt es eigentlich nur über einige Villen der Kaiserzeit, von denen entweder genauere Schilderungen oder gar Ruinen auf uns gekommen sind. So hat man die Villen des jüngeren Plinius nach den Beschreibungen, die der Besitzer selbst davon gegeben hat, zu rekonstruieren gesucht, die Villa des Q. Voconius Pollio in Sassone di Marino hat Lanciani ausgegraben[1]), und eine interessante Untersuchung über die Riesenvilla Hadrians in Tivoli verdanken wir einem deutschen Archäologen.[2]) Über die Anfänge aber des römischen Villenbaues und über seine Entwickelung im Zeitalter der Republik habe ich keine Monographie finden können; auch die Handbücher der Architektur enthalten hierüber so gut wie nichts. Und doch tritt uns in der römischen Villeggiatur (*peregrinatio*[3])) eine der interessantesten Seiten des römischen Lebens überhaupt entgegen: die Vertreter der humanen Denk- und Empfindungsweise bei den Römern, die geistigen Erben eines Scipio Aemilianus und Laelius, die Mucius Scaevola, Crassus, Antonius, Catulus, Hortensius, Lucullus, Varro, kurz die ganze illustre Gesellschaft, in deren geistige und sittliche Sphäre uns die Ciceronischen Schriften und Briefe einführen, ist gar nicht denkbar ohne ihre Villen. Diese Männer sind so eng verknüpft mit ihren Landsitzen wie die Schnecke mit ihrem Hause. Ihre Beschaulichkeit, Empfindsamkeit, Mitteilsamkeit, ihr Geist und Witz, kurz ihre ganze Persönlichkeit entwickelt sich erst dann zur vollsten Blüte und wird erst dann über den unmittelbaren Pflichtenkreis hinaus produktiv, wenn sie losgelöst von der Bürde des geistlichen oder weltlichen Amtes, des senatorischen, richterlichen, anwaltlichen Berufes aus dem Toben und Getöse der unheimlichen Riesenstadt hinauseilen in die wonnigen Gefilde Italiens, in die Berge oder ans Meer. Deshalb sind bei der Geschichte des römischen Villenbaues nicht nur topographische und technische Fragen zu beantworten, sondern es mufs auch gezeigt werden,

---

[1]) Lanciani, La villa Castrimeniense (Marino) di Q. Voconio Pollione im Bullettino della Commiss. archeolog. comunale 1885.

[2]) H. Winnefeld, Die Villa des Hadrian bei Tivoli. Jahrb. des Archäol. Instituts, Ergänzungsheft III.

[3]) Cic. ad Att. II 4, 3.

1*

aus welchem 'Milieu' des Lebens heraus sich die römische Villeggiatur erklärt.

Ist sie, wie so vieles Römische, lediglich aus der Nachahmung griechischer Vorbilder entstanden, oder, wenn dies nicht der Fall ist, welche besonderen wirtschaftlichen und sozialen Verhältnisse und welche geistigen Strömungen leisteten der auffallenden Einrichtung Vorschub? — Hermann Winnefeld, der Verfasser eines kleinen Aufsatzes über 'Römische Villen der Kaiserzeit' (Preuſs. Jahrb. 1898 S. 457 f.) ist geneigt, die römische Villa als eine ganz eigenartige Leistung der Römer hinzustellen. Er macht darauf aufmerksam (S. 458), daſs das griechische Wörterbuch keinen kurzen deckenden Ausdruck für den Begriff Villa kenne und fährt fort: 'Es kann nicht Schuld des Zufalls sein, daſs man in der griechischen Litteratur von reichen Landwohnungen der Vornehmen kaum je etwas erfährt, daſs sie nie als etwas um seiner der Natur oder Kunst verdankten Schönheit willen Rühmenswertes erscheinen, wie das in der römischen Litteratur in so weitem Umfange der Fall ist.' Das ist wohl im allgemeinen richtig, aber doch nicht ganz zutreffend. Denn schon im Peloponnesischen Kriege verlieren die vornehmen Athener mit grofsem Kummer ihre Landsitze, 'die schön waren durch Bauten und kostbares Hausgerät'[1]), und auch ein kurzer Ausdruck für einen so geschmückten Landsitz wird uns aus dieser Zeit in dem Worte κηπίον überliefert.[2]) Noch instruktiver ist eine Stelle aus Isokrates' Areopagiticus (Kap. 52), wo von der alten guten Zeit der Athener erzählt wird, die Wohnhäuser und das Hausgerät auf dem Lande sei schöner und köstlicher gewesen als Haus und Gerät in der Stadt, und viele Bürger wären nicht einmal zu den Festen in die Stadt hereingekommen, sondern hätten es vorgezogen auf ihren Landsitzen zu bleiben und diese zu genieſsen statt der öffentlichen Veranstaltungen. Man muſs auch an die Notiz des Marcellinus (Βίος Θουκ. 25; 47) erinnern, daſs Thucydides sein Geschichtswerk auf seinem Landgute in Skapte Hyle in Thracien unter einer Platane verfaſst habe, ferner an den weitverzweigten, schattenspendenden, von einem kühlen Quell umrauschten Baum derselben Gattung, unter den Plato seinen Dialog Phädrus verlegt, ferner an die anmutige Schilderung, die Xenophon in der Anabasis (V 3, 7 f.) von der landschaftlichen Umgebung seines Landsitzes in Skillus in Elis entworfen hat; und wenn man nun vollends sich vergegenwärtigt, in wie enge Beziehung die alexandrinische Kultur zum Landleben trat, wenn man die landschaftlichen Schildereien der hellenistischen Reliefs betrachtet und erwägt, daſs Kanopus ein alexandrinisches Bajae gewesen sein muſs, so wird man wohl anerkennen müssen, daſs fast alle Elemente, die zum römischen Villenbau gehörten, schon in der griechischen Kultur vorhanden waren. Aber freilich der Geist, der diese

---

[1]) Thucyd. II 65: καλὰ κτήματα κατὰ τὴν χώραν οἰκοδομίαις τε καὶ πολυτελέσι κατασκευαῖς ἀπολωλεκότες . . .

[2]) Thucyd. II 62, 4: ἢ οὐ κηπίον καὶ ἐγκαλλώπισμα πλούτου . . ὀλιγωρῆσαι. Diese Stelle ist mit Bezug auf die vorige zu erklären. Man vergleiche auch Pollux Onomastikon Θ S. 361: ἀπὸ δὲ κήπων κηπουρός, κηπουρεῖν καὶ κηπεύειν καὶ κηπεία und die sich daran anschliefsende Bemerkung über die παράδεισοι in Griechenland.

Elemente zu einem Ganzen zusammenfügte und die Villa zu einem notwendigen Faktor des gesellschaftlichen, ja man kann sogar sagen, des staatlichen Lebens machte, den finden wir bei den Griechen nicht. Das Landhaus der Griechen, insbesondere das Gartenhaus der Alexandriner, will unter dem Gesichtswinkel des reinen Idylls betrachtet werden, nicht so die Villa der Römer. Eine in ihrer guten Zeit so praktisch und staatsmännisch fühlende Gesellschaft wie die römische hätte niemals um der blofsen Schönheit willen alle reizenderen Gestade Italiens und alle von Rom aus leicht erreichbaren anmutigen Höhen und Thäler mit kostspieligen Bauten bedeckt; vielmehr beweist der Umstand, dafs das Villenwesen bei den Römern eine solche Ausdehnung gewonnen hat und zu einem so bestimmenden Faktor des gesellschaftlichen Lebens ausgebildet wurde, dafs diese Einrichtung, wenn auch nicht ganz original auf römischem Boden erwachsen, so doch einem in den regierenden Kreisen ernsthaft empfundenen Bedürfnisse entgegenkam. Das Bedürfnis nach einer ausgebildeten Villeggiatur wurzelte aber, wie ich meine, in drei Gruppen von Ursachen, in wirtschaftlichen, sanitären und geistig-ästhetischen. Nur wenige Andeutungen darüber mögen genügen.

Der vornehme Römer besafs nach der Satzung der Väter den gröfsten Teil seines Vermögens in ländlichem Grundbesitz. Die Güter einzelner Familien, manches von der Gröfse eines *saltus* (800 Joch), lagen oft in verschiedenen Teilen Italiens, eine Folge des Systems der Assignation.[1]) Demnach mufste ein guter Haushalter schon aus wirtschaftlichen Gründen einen Teil des Jahres fern von Rom auf seinen Gütern zubringen, um nach dem Rechten zu sehen, Verpachtungen vorzunehmen u. a. Eine behaglich eingerichtete Villa für den Herrn durfte auf so einem *saltus* nicht fehlen. Das Leben in Rom wurde immer teurer, namentlich für die, die eine zahlreiche Sklavenschaft besafsen. Es war demnach ein wirtschaftlicher Vorteil, mehrere Haushaltungszentren auf dem Land zu besitzen, die wohl grofsenteils durch Naturalwirtschaft erhalten werden konnten und auch der Familie des Herrn billige und behagliche Unterkunft boten.[2])

Ferner sind die gesundheitlichen Gründe zu erwähnen, die zur Villeggiatur drängten. Rom war schon im Altertum während des Sommers eine ungesunde Stadt, es war aber auch schon im Zeitalter der Gracchen eine Grofsstadt voll Staub und Lärm, der man gern einmal den Rücken kehrte. Das Erholungsbedürfnis der vornehmen Kreise wurde aber insbesondere gesteigert durch die anstrengende Verwaltungsthätigkeit für die Provinzen des Weltreiches, durch heifse politische Kämpfe im Senate, durch die Reden vor Gericht und in der Volksversammlung, durch kaufmännische Spekulation und gesellschaftliche Überanstrengung.

---

[1]) Varro, Rerum rustic. I 10. Die Geschichte des römischen Saltus, die mir viel älter zu sein scheint, als gewöhnlich angenommen wird, ist auch noch zu schreiben. Vgl. Cic. ad Att. II 4, 4: *Terentiae saltum perspeximus.*

[2]) Cicero an Terentia Ep. XIV 7, 3: *Fundo Arpinati bene poteris uti cum familia urbana, si annona carior fuerit.*

Drittens kommen geistige und ästhetische Momente in Betracht, vor allem die seit dem II. Punischen Kriege unter dem Einflusse griechischer Bildung rasch fortschreitende Individualisierung der vornehmen Gesellschaft. In Rom blieb auch der vornehmste der Knecht des Staates und des Herkommens. Das nivellierende Prinzip, das in der republikanischen Staatsform auch da lag, wo sie vorzugsweise einen aristokratischen Charakter hatte, trat an hundert Stellen dem stolzen Selbstbewußtsein der Persönlichkeit entgegen: in dem Schwarme anspruchsvoller Klienten, der den Vornehmen umgab, in der Demütigung vor der infima plebs beim Stimmenfang zur Amtskarriere, in der Beschränkung des Wagenverkehrs in der Stadt, in den Satzungen der Baupolizei. Demgegenüber brauchte die erwachte Persönlichkeit einen Ort, wo sie im Genusse ihrer selbst den Tagesstunden ihre Bestimmung anwies, den Regungen des eigenen Genius lauschte, die Umgebung im engeren und weiteren Sinne in Harmonie mit dem Geschmacke und den Bedürfnissen des Individuums gestaltete.[1])

Die Anforderungen, die ein Römer im Zeitalter Sullas und Caesars in ästhetischer Hinsicht an seine Umgebung stellte, waren im allgemeinen höher als die unsrigen. Selbst ein so philosophischer Geist wie Cicero huldigt einer Empfindlichkeit gegen jede unzarte Berührung, die das bei uns übliche Maß übersteigt. Wenn wir das rasch steigende und fallende Thermometer seiner Stimmungen in den Briefen studieren, so begreifen wir oft kaum, was ihn eigentlich verletzt, so gering ist der Anlaß. Uns hat der preußische Drill und der kategorische Imperativ Kants Herz und Sinne gehärtet. Um die Weichheit der Gefühle Ciceros auch nur zu ahnen, müßten wir uns in die Tage des jungen Goethe oder Jean Pauls zurückstimmen, um aber die ästhetischen Anstöße dieser human gebildeten römischen Gesellschaft zu würdigen, der ein unrhythmischer Satz, eine falsche Wortstellung das Ohr ärger verletzte, als uns der grimmigste Fluch, müßten wir gar bei den Precieusen im Zeitalter Ludwigs XIV. Einkehr halten. Vermutlich war das Auge und der Geruchsinn[2]) dieser human-precieusen Gesellschaft ebenso empfindlich wie das Ohr, von dem es uns ausdrücklich bezeugt ist. Deshalb konnte sie sich in Rom nie recht wohl fühlen: sie bedurfte der Villen, um sich auszuleben.[3]) Die Nachbarschaft gleich gestellter und gleich gestimmter Seelen wurde dabei nicht als eine Fessel empfunden, sondern als ein Reiz zum feinen Genusse des Daseins. Auch mit der Natur des Waldes, der Wiese, des Meeres trat man in stimmungsvolle Beziehung.

Der erste Römer, der nicht nur des Nutzens wegen sein Gut bewirtschaftete, sondern um seiner Persönlichkeit willen der Hauptstadt den Rücken kehrte, um auf dem Lande zu hausen, war, wie es scheint, der ältere Scipio

---

[1]) Cic. ad Att. IX 9, 1; Ep. VII 1: *ad arbitrium tuum* . . .
[2]) Plin., Ep. II 17, 17: *Ante cryptoporticum xystus violis odoratus*; vgl. Seneca, Controv. X 9.
[3]) Ad Att. I 6, 2.

Africanus.[1]) In ihm waren alle Bedingungen zu einer Villeggiatur vorhanden,
die dem späteren Sinne dieses Begriffes nahekommt: der grofse Grundbesitz
der Familie, die tiefe Bildung, die der Anerkennung der Menge nicht bedarf,
um glücklich zu sein, das halb prophetische, halb königliche Wesen, das bei
der extrem republikanisch gesinnten Mehrheit seiner Standesgenossen in Rom
unaufhörlich anstiefs, auf dem Lande aber in behaglicher Selbstbespiegelung,
in philosophischen Studien und in selbstgewählter Gesellschaft[2]), ja auch in
beliebiger Handhabung des Bauwesens sich frei bewegen durfte. Er entwich
an das verhältnismäfsig reizlose Gestade von Liternum in Campanien. Eine
Beschreibung seiner dortigen Villa hat uns der für ihn schwärmende Seneca
im 86. Briefe hinterlassen: 'Ich habe die Villa gesehen, sie war aus Quader-
steinen erbaut, eine Mauer lief rings um den Garten, auf beiden Seiten mit
Türmen bewehrt, die Cisterne war durch Mauerwerk und Grün versteckt, aber
grofs genug, ein ganzes Heer zu tränken, das Dach ärmlich, der Fufsboden
einfach; das Bad war eng und finster; statt breiter Fenster, die dem Sonnen-
lichte vollen Zugang liefsen und die Aussicht über Land und Meer eröffneten,
gab es nur schmale Mauerlöcher, die die Anlage notdürftig erhellten.' Bei der
Festigkeit der Anlage war natürlich die Sorge vor den Seeräubern mit wirksam
gewesen. Das hindert aber nicht, dafs im Innern bei aller Einfachheit doch
manches den feinen Geschmack des griechisch gebildeten ersten Besitzers verriet, was dann im Laufe der Zeit, während schlichte Landleute den Bau be-
wohnten (§ 14), verschwunden war. —

Die Anforderungen, die ein vornehmer Römer an seinen Landsitz stellte,
steigerten sich nach den glücklichen Kriegen im Osten, nach der Plünderung
von Karthago und Korinth und nach der Beerbung der Attaliden ziemlich
rasch. Bei der Anlage von Landhäusern traten den rein wirtschaftlichen Rück-
sichten die auf Behaglichkeit und Schönheit zur Seite: neben der villa rustica
bildete sich die villa urbana aus, das Landhaus mit städtischem Komfort.[3])
Es ist eine irreführende Angabe Winnefelds (a. a. O. S. 459), wenn er sagt,
dafs die Landwohnungen der Vornehmen erst in der Litteratur der Kaiserzeit
als etwas um ihrer Schönheit willen Rühmenswertes erscheinen, dafs vorher
ein fester Typus dafür noch nicht ausgebildet gewesen sei. Die folgende Ab-
handlung wird einfach durch den vorgelegten Stoff den Beweis führen, dafs
dieser Typus, im wesentlichen derselbe, den die bekannten Villen des Plinius

---

¹) Der Begriff der Villa als des nutzbringenden Landgutes ist natürlich viel älter.
Cicero wendet ihn z. B. bereits auf das Landhaus des M. Curius Dentatus an, vgl. Cato
Maior 55.
²) Vgl. die schöne Schilderung bei Cicero De orat. II 22, wenngleich sie sich auf den
jüngeren Scipio und Laelius bezieht: Laelium semper fere cum Scipione solitum rusticari
eosque incredibiliter repuerascere esse solitos, cum rus ex urbe tamquam e vinclis evolavissent.
Non audeo dicere de talibus viris, sed tamen ita solet narrare Scaevola, conchas eos et um-
bilicos ad Caietam et ad Laurentum legere consuesse et ad omnem animi remissionem ludumque
descendere.
³) Varro, Rer. rustic. I 13, 6 f. Cic. ad Q. III 1, 6: urbanam expolitionem.

zeigen, schon fertig war, als Sulla starb, und dafs das römische Villenleben
seine schönste, wenn auch nicht prunkvollste Blüte entfaltete in den letzten
Jahrzehnten der römischen Republik, so lange es noch eine regierende Gesellschaft in Rom gab. Die Kaiserzeit verfeinerte und vergröfserte die über-
kommenen Formen, aber der Geist, der sie geschaffen hatte, erstarb schon
im Zeitalter der Julier und Claudier. Die Riesenvilla des Hadrian zu Tivoli
zeigt keine einzige neue Idee, sondern ist nur eine mit unbeschränkten
Mitteln inscenierte theatralische Aufblähung des überlieferten Schemas, die
sich zu einer der Villen Ciceros verhält wie der hohle Prunk der 'Reise um
die Welt in achtzig Tagen' zu dem geistsprühenden Dialog der 'Minna von
Barnhelm'. —

Wenn im folgenden nicht mehr von den Villen der republikanischen Zeit
im allgemeinen die Rede sein wird, sondern nur noch von den Villen Ciceros,
so ist die darin liegende Beschränkung des Stoffes nicht so grofs, als es auf
den ersten Blick scheinen mag. Denn während wir von den Villen anderer
vornehmer Römer der Republik meist nichts Genaueres erfahren können, als
den Namen der Ortschaft, auf deren Flur sie lagen, enthalten die Schriften
und Briefe Ciceros ein zwar sehr zerstreutes, aber doch kombinationsfähiges
Material, um uns einen Begriff von der Anlage seiner Villen zu machen. Nur
von diesen läfst sich einigermafsen erkennen, aus welchen Gründen sie erworben, mit welchen Mitteln sie verschönert, in welcher Weise sie benutzt
wurden, was ihr Besitzer auf ihnen betrieb und erlebte, in welchem inneren
Verhältnis er zu ihnen stand. Deshalb besteht das wesentlichste Stück einer
Geschichte der älteren Villeggiatur darin, dafs wir Ciceros Villen vor unserem
inneren Auge wieder aufzubauen versuchen. Von diesen ist eigentlich nur das
Tusculanum litterarisch behandelt worden, über die anderen Villen giebt es
nur verstreute Bemerkungen bei den Archäologen. Der den gesamten Villen
Ciceros gewidmete Abschnitt Drumanns (VI 387 f.) ist voll von den gröbsten
Fehlern[1]; zuverlässiger ist die Übersicht am Schlusse der Brücknerschen
Biographie Ciceros. Doch fehlt es auch hier an jeder lebendigen Vorstellung
von der Landschaft. Deshalb erachtete es der Verfasser des vorliegenden Aufsatzes nicht nur für reizvoll, sondern auch für notwendig, gelegentlich einer
zweimonatlichen Studienreise durch Italien, bei der er sich der gütigen Unter-
stützung des sächsischen Kultusministeriums und der König-Johann-Stiftung
dankbarst zu erfreuen hatte, alle die Gegenden aufzusuchen, in denen Cicero
Landhäuser besafs, und deren Lage und Umgebung nach Möglichkeit kennen
zu lernen.

---

[1] Was z. B. über die Erwerbung des Cumanum und Puteolanum (S. 392 f.) gesagt wird,
ist in sich widerspruchsvoll und konfus und stimmt vor allem nicht mit den citierten
Quellenstellen. Welche Anschauung Drumann aber von Italien besafs, ergiebt sich aus
S. 391: 'Nur noch ein Castell und ein Turm, Porto, Torre d'Anzo, erinnert jetzt durch
seine Namen an Antium.' Ist doch Antium bis auf den heutigen Tag ein blühendes
Seestädtchen, bei der 'Torre d'Anzo' hat dem Verfasser wohl die Torre d'Astura vor-
geschwebt!

I. DAS ARPINAS

Ich gehe meinen alten Gang
Meine liebe Wiese lang,
Tauche mich in die Sonne früh,
Bad' ab im Monde des Tages Müh'.
Goethe

Die älteste und wirtschaftlich wichtigste Besitzung Ciceros war ohne Zweifel sein Arpinas, der Ort seiner Geburt, die Stätte seiner Kindheit.[1]) Es ist gewifs kein Zufall, dafs uns in seinen Schriften von keiner seiner Villen soviel Räumliches überliefert wird wie von dieser: die Eindrücke aus der Kindheit haften am festesten und geben sich am leichtesten nach aufsen kund. Trotzdem ist in der Beantwortung der Frage, wo das Arpinas gelegen habe, bis heute keine Einigung erzielt worden. Das kommt daher, dafs von fast allen, die über die Frage geschrieben haben, zwei Dinge miteinander vermengt worden sind, die man scharf auseinanderhalten mufs: Ciceros Vaterhaus und der Platz, an den er das zweite Gespräch 'Über die Gesetze' verlegt.[2])

Deshalb lege ich noch einmal die Akten vor, nachdem ich einige Angaben über das Gelände vorausgeschickt habe. Im Norden der alten Stadtflur von Arpinum, zwischen den Städten Sora und Isola (del Liri) durchfliefst der Liris

---

[1]) De leg. agr. III 8: *meus paternus avitusque fundus Arpinas.* De leg. II 3: . . *Haec est mea et huius fratris mei germana patria: hic enim orti stirpe antiquissima sumus; hic sacra, hic genus, hic maiorum multa vestigia . . Qua re inest nescio quid et latet in animo ac sensu meo, quo me plus hic locus fortasse delectet, si quidem etiam ille sapientissimus vir, Ithacam ut videret, immortalitatem scribitur repudiasse.*

[2]) Die ältere, der Wahrheit nahe kommende Tradition liegt in Baronius' Annales ecclesiastici (vgl. das unten citierte Buch von Pistilli S. 72) vor: *Dicendum de nobili Monasterio (San Domenico) hoc anno (1030) erecto in Sorano illo ipso loco, ubi Fibrenus influit in Lirim, illustrato olim incunabulis Ciceronis.* Das ist die Tradition der Renaissance aus besonders berufenem Munde, denn Baronius war im nahen Sora (s. u.) 1538 geboren. Väter der Konfusion wurden die Italiener des XVII. Jahrh. und nach ihnen Pistilli, der in seinem 1798 veröffentlichten Buche 'Descrizione storico-filologica delle antiche e moderne città e castelli esistenti accosto i fiumi Liri e Fibreno' die Ansicht verficht, Ciceros Geburtshaus habe auf der Insel Carnello gelegen, aufserdem aber habe er eine von ihm selbst erbaute Villa auf der Stelle von San Domenico besessen. Von deutschen Gelehrten hat der preufsische Gesandtschaftsprediger in Rom H. Abeken, später der Gehilfe Bismarcks, die Frage in einem Anhange zu dem bekannten Buche seines Onkels R. Abeken 'Cicero in seinen Briefen' S. 431—434 behandelt und hat zwar das Mündungsdelta des Fibrenus richtig als Ciceros Wiege erkannt, aber in diesem Zusammenhange auch die Fibrenusinsel Carnello in einer Weise erwähnt, dafs diejenigen seiner Leser, die die Gegend nicht durch Autopsie kannten, sich entweder keine bestimmte Ansicht über die Lage des Arpinas bildeten (wie z. B. Brückner, Leben des M. Tullius Cicero S. 38) oder der oben genannten Konfusion anheimfielen. Auch Mommsen, der sonst in den herrlichen Einleitungen zu den Inschriften der unteritalischen Städte eine Menge topographischer Fragen mit sicherer Hand entscheidet, hat gerade diese Frage nicht gefördert, indem er erst Isola di Sora (*sice* del Liri) als Standort der Villa Ciceros nennt, dann aber zweifelnd die Ansicht des Arztes Nicolucci aus Isola erwähnt, der San Domenico auf den Fundamenten dieser Villa errichtet sein läfst. Die irrige Angabe Mommsens, dafs das Arpinas in Isola del Liri gelegen habe, hat dann Julius Jung in Iwan Müllers Handbuch d. klass. Altertumswiss. III 3 S. 38 wiederholt.

in vielen 'Krümmungen eine ziemlich breite wie ein Garten angebaute Ebene; auf dem Westufer weichen die Berge 1—2 km, auf dem Ostufer bis zu 5 km vom Flusse zurück. Deshalb gehen hier Strafse und Bahn auf dem linken Ufer einander parallel in schnurgerader Richtung von Sora bis zur Einmündung des Fibrenus in den Liris, dann biegt die Strafse stumpfwinkelig um und geht wieder schnurgerade bis Isola. Der zwischen Sora und Isola sich ausbreitende Thalkessel ist im Süden begrenzt durch den wasserreichen Fibrenus, der im Lago della Posta entspringt und in westwärts gerichtetem Laufe eilig dem Liris zustrebt; dabei bildet er die kleine Insel Carnello und erreicht den Liris in mehreren Armen. Nicht alle die Verzweigungen des Fibrenus, die die

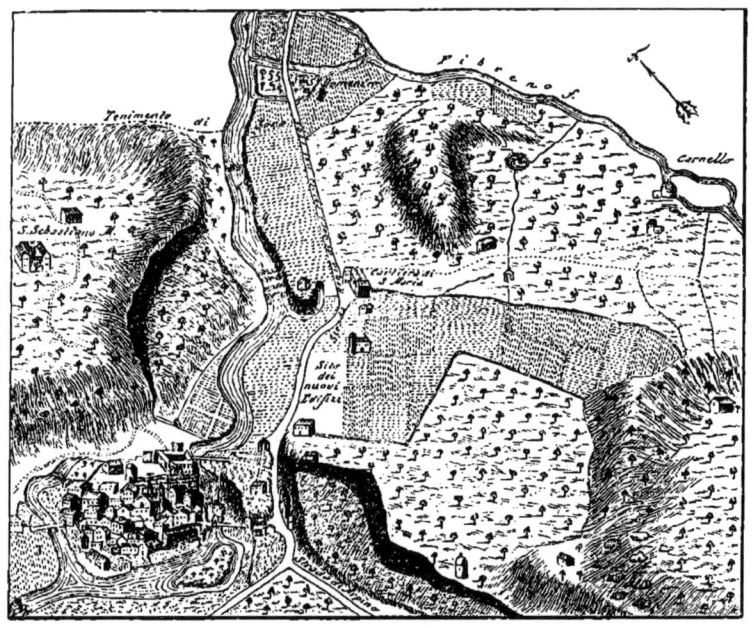

Situationsplan des Liris- und Fibronusthales nach Pistilli. Links unten das Städtchen Isola del Liri, von zwei Armen des Liris umflossen

neueste Generalstabskarte angiebt, sind antiken Ursprungs: die Anlage grofser Papierfabriken in unserem Jahrhundert hat manches verändert, deshalb ist die dem oben citierten Pistillischen Buche beigegebene Skizze der Gegend vom Jahre 1798 von grofsem Werte: sie ist hier reproduziert nach einer mir von H. Prof. Mariani in Neapel gütigst überlassenen Federzeichnung. Daraus er- giebt sich, dafs die beiden nördlichsten wasserreichen Arme als die wichtigsten und ursprünglichsten Mündungen des Fibrenus anzusehen sind. Sie umschliefsen ein über 500 m langes, etwa 300 m breites Delta, das durch die neue, 1795 eröffnete Strafse in zwei Teile zerschnitten wird; der östliche Teil ist jetzt von einer Baumpflanzung bedeckt, der westliche trägt die Papierfabrik der H. Courrier und Reichlin und eine kleine Mühle. Südlich von diesem Delta liegt ein kleineres, durch einen dritten, schmäleren Fibrenusarm gebildetes. Auf der Osthälfte dieses kleineren Deltas liegt das stille Kloster San Domenico mit seiner schlichten Kirche und dem lieblichen Klostergarten. Endlich sind noch die Reste einer antiken Brücke (Ponte Mormone) zu erwähnen, die im Garten des H. Courrier nahe der Einmündung des südlichen Hauptarmes des Fibrenus über den Liris führte; sie hat uns die Richtung einer antiken Strafse erhalten, die fast rechtwinkelig zu der alten, im Winkel von 38° zu der neuen, von Isola nach Sora führenden Strafse vom rechten Lirisufer herüber, also aus der Richtung von Casamari, dem Geburtsorte des C. Marius, auf das gröfsere Fibrenusdelta und dann wohl weiter am Fibrenus aufwärts nach Carnello leitete. — Um in diesem Gelände den Ort der Villa Ciceros zu bestimmen, ist von einigen Stellen der Bücher 'Über die Gesetze' auszugehen, die den Inhalt mehrerer Gespräche wiedergeben, die Cicero mit Atticus und seinem Bruder Quintus auf dem arpinatischen Landgute und in seiner Umgebung abgehalten haben will. Der Anfang des ersten Buches zeigt uns, dafs die Freunde aus der Villa aufgebrochen[1]) sind und den 'Hain des Marius' mit der 'Mariuseiche' aufgesucht haben, aus der der Sage nach einst ein Adler aufstieg, während der junge Marius darunter weilte, seine künftige Gröfse verkündend.[2]) Die Örtlichkeit war Cicero wohl vertraut und von ihm in seinem Jugendepos 'Marius' besungen. Da nun der Hain des Marius in der Nähe von Casamari gesucht werden mufs, so haben die Freunde offenbar die Brücke überschritten, deren Reste oben erwähnt worden sind, und befinden sich auf dem rechten Ufer des Liris. Von da aus aber kehren sie wieder ans Gestade des Flusses zurück und gehen 'am grünen, schattigen Ufer unter den schlanken Pappeln hin und her'.[3]) Mit Beginn des zweiten Buches aber wird der Ort des Gespräches von dem Gelände, wo der Fibrenus in den Liris mündet, auf die 'im Fibrenus gelegene Insel' verlegt[4]), also nach der Insel Carnello, die etwa 2 km von der Mündung aufwärts liegt. Mit dieser sicheren Annahme stimmt es überein, dafs die Sprechenden erst nach längerer Unterhaltung (II 6)

---

[1]) Es ist ein verbreiteter Irrtum (vgl. Aly, Cicero S. 3), dafs Cicero und seine Gäste damals von der Burg von Arpinum 'den steilen Berg hinter der Stadt hinabsteigen und durch Eichenhaine bis an den Fibrenus wandeln'. Quelle des Irrtums ist Abeken a. a. O. S. 433. Bei Abeken findet sich auch der auffallende Fehler, dafs der Fibrenus 'an der östlichen Seite des arpinatischen Berges . . dem Liris zueilt'; das Thal des Fibrenus liegt nördlich von Arpinum.

[2]) De leg. I 1 Atticus: *Lucus quidem ille et haec Arpinatium quercus agnoscitur saepe a me lectus in Mario. Si enim manet illa quercus, haec est profecto; etenim est sane vetus . . . ex qua olim evolavit*

Nuntia fulva Iovis, miranda visa figura.

[3]) De leg. I 15: *Sic nos inter has procerissimas populos in viridi opacaque ripa inambulantes . . .*

[4]) De leg. II 1: *Sed visne, quoniam et satis iam ambulatum est et tibi aliud dicendi initium sumendum est, locum mutemus et in insula, quae est in Fibreno — nam, opinor, hoc illi alteri flumini nomen est — sermoni reliquo demus operam sedentes?*

den neuen Sitz des Gespräches erreichen.[1]) Auf dem Wege dahin, bald nachdem sie vom Lirisufer aufgebrochen sind, § 3 spricht Cicero die entscheidenden Worte: 'Du siehst die Villa vor dir in ihrer jetzigen Gestalt, wie sie nach feinerem Geschmacke von meinem Vater mit Fleifs aufgebaut worden ist . . . An eben dieser Stelle, als mein Grofsvater noch lebte und das Landhaus nach alter Sitte noch klein war wie das des Curius Dentatus im Sabinerlande, bin ich geboren.'[2]) Also lag das Arpinas Ciceros an dem Wege, der von der Mündung des Fibrenus in den Liris aufwärts nach Carnello führte, und zwar näher am Liris als an Carnello. Rechnet man dazu noch den Lobpreis des Atticus auf die Wasserarme, die das Gelände der Villa durchziehen[3]), und den Lobpreis des Besitzers, dafs er in Zeiten stadtrömischer Hitze mit Sehnsucht daran denke, wie er auf seinem Arpinas von eiskalten Flüssen rings umrauscht gewesen sei[4]), so ergiebt sich mit unumstöfslicher Sicherheit, dafs Ciceros Arpinas auf dem Fibrenusdelta lag, das im W. vom Liris, im N. und O. vom nördlichen Hauptarme des Fibrenus (a) und im S. von dem um San Domenico südlich herumfliefsenden Mühlgraben (c) begrenzt ist. Ob nun innerhalb dieses eng genug begrenzten Gebietes das eigentliche Wohngebäude Ciceros auf dem gröfseren nördlichen Delta lag, da wo sich jetzt die Baumpflanzung befindet, oder auf dem südlicheren Delta von San Domenico, hängt wesentlich von der Frage ab, ob sich der genannte Mühlgraben an der Stelle eines antiken Wasserlaufes befindet oder nicht[5]), ferner davon, ob sich etwa auf dem Gelände der Baumpflanzung durch Nachgrabung die Grundmauern der Villa finden liefsen. Indes vermögen wir, auch ohne diese Frage zu lösen, alles Wesentliche, namentlich aber die Beschaffenheit der Villenanlage und ihre landschaftliche Umgebung wohl zu erkennen.

Das Arpinas, das vom Grofsvater und Vater ererbte Stammgut, war nicht

---

[1]) De leg. II 6: *Sed ventum in insulam est*; vgl. auch die Bemerkung über die Rückkehr von dem höher gelegenen Carnello an den Liris in einem Fragmente aus De leg. V bei Macrob. Saturn. VI 4 § 8: *Visne igitur, quoniam sol paululum a meridie iam devexus videtur nequedum satis ab his novellis arboribus omnis hic locus opacatur, descendamus ad Lirim eaque quae restant in illis alnorum umbraculis persequamur?*

[2]) De leg. II 3: *Hanc vides villam, ut nunc quidem est, lautius aedificatam patris nostri studio, qui cum esset infirma valetudine, hic fere aetatem egit in litteris. Sed hoc ipso in loco, cum avos viveret et antiquo more parva esset villa, ut illa Curiana in Sabinis, me scito esse natum.*

[3]) De leg. II 2: *Ductus vero aquarum, quos isti Nilos et Euripos vocant, quis non, cum haec videat, inriserit?*

[4]) Tusc. V 74: *Ut siquis aestuans, cum vim caloris non facile patiatur, recordari velit sese aliquando in Arpinato nostro gelidis fluminibus circumfusum fuisse.*

[5]) Dieser Mühlgraben treibt jetzt das Elektrizitätswerk der Courrierschen Fabrik. Herr Reichlin, der Schwager des Herrn Courrier, der mich zunächst bei der Durchforschung des Geländes und dann durch briefliche Mitteilungen und Photographien auf das freundlichste unterstützte, ist allerdings der Ansicht, der Graben sei eine moderne Anlage. Da er indes bereits auf der Karte Pistillis von 1798 vorhanden ist, also ehe die Papierfabrikation grofsen Stils hier Platz griff, so könnte in dem Graben immerhin ein alter Fibrenusarm erblickt werden, der in unserem Jahrhunderte zu technischen Zwecken kanalisiert worden wäre.

als Luxusbau, sondern als Nutzbau errichtet worden. Es bildete den Mittelpunkt beträchtlicher Ländereien, auf deren Ertrag das Einkommen der Familie 'fundiert' war, die Cicero also gerade so in einzelnen Parzellen verpachtet hatte[1]), wie dies heute noch auf derselben Scholle geschieht.[2]) In der Anlage des Arpinas sind drei Bauperioden zu unterscheiden: der schlichte Bau des Ahnherrn (*villa parva more antiquo*), wahrscheinlich das Peristyl und ein kleines als Wirtschaftshof verwendetes Atrium (*atriolum*) mit den dazugehörigen Zimmern umfassend, dann der geschmackvolle Neubau des Vaters (*lautius aedificata*), durch den vermutlich ein grofses Atrium und der Garten hinzugefügt wurde, und endlich die Erweiterungen und Verschönerungen, die Cicero selbst an seinem geliebten Vaterhause anbrachte. Was er etwa von einem einfachen, aber doch den Geist des Besitzers wiederstrahlenden Landhause[3]) in seinen heimatlichen Bergen verlangte, wissen wir ziemlich genau aus dem Berichte, den er an seinen im Feldlager Caesars weilenden Bruder Quintus im Herbste 54 über den Stand der Villen des Abwesenden geschrieben hat. Aus diesem Briefe (Ad Q. III 1), der eine der wichtigsten Urkunden zur Geschichte des älteren Villenbaues überhaupt bildet, kann man ein kleines Lexikon der Dinge zusammenstellen, die Cicero, wenn er sie auf den klimatisch und landschaftlich gleich gelegenen Landsitzen des Bruders billigte, beziehentlich einrichten liefs, wohl auch selbst auf seinem Arpinas besafs. Ja, man kann daraus, da wir den Baugrund kennen gelernt haben, auch ohne ein Canina zu sein, das Arpinas im Geiste einigermafsen wieder aufbauen, natürlich ohne Gewähr der Richtigkeit im einzelnen.

Ich denke mir die Villa von rechteckigem Grundrisse, errichtet auf der Osthälfte des gröfseren Fibrenusdeltas, da wo jetzt eine Baumpflanzung steht, oder auch auf dem kleineren Delta von San Domenico unter der S. 12 angegebenen Bedingung; der auf S. 14 gegebene Situationsplan zeigt beide Möglichkeiten. Die westliche Schmalseite mit dem Vestibulum war wohl dem nahen Liris zugekehrt, sodafs der Blick des Heraustretenden zu den grünen Pappeln und Erlen des Flufsufers und weiter hinauf zu den schön geschwungenen Höhen und Felshäuptern schweifte, die es nach Westen zu umsäumen. Kam man an den Liris auf der von Casamari her ostwärts führenden Strafse, so zweigte bald hinter der Brücke von dieser ein mit reinlichem Kies beschütteter Weg[4]) ab und leitete zum Vestibül, durch das man sogleich in das von polierten Säulen[5]) getragene Peristyl gelangte.[6]) In seiner Mitte befand sich ein mit

---

[1]) Ad Att. XIII 13 (9), 2: *Mihi Arpinum eundum est; nam et opus est constitui a nobis illa praediola . . .*

[2]) Vgl. den Aufsatz des Verf. 'Frühlingstage am Garigliano' in den Grenzboten 1898 S. 310.

[3]) Ad Q. III 1, 5: *Tamquam philosopha videtur esse, quae obiurget ceterarum villarum insaniam.*

[4]) Ad Q. III 1, 4: *glarea iniecta.*   [5]) A. a. O. 1: *columnae politae.*

[6]) Vitruv. VI 8, 3: *In urbe atria proxima ianuis solent esse, ruri autem pseudourbanis* (sc. villis) *peristylia, deinde tunc atria habentia circum porticus pavimentatas spectantes ad palaestras et ambulationes.*

Fischen besetztes Wasserbassin[1]), ringsumher wucherten Epheu[2]) und Rosen. Die Decken der das Peristyl umgebenden Säulenhallen waren gut aus Stein oder Gebälk gefügt[3]) und bildeten so einen Plafond von der Form einer Schildkröte, der mit zierlicher Stuckarbeit geschmückt war.[4]) Links (nordwärts) vom Peristyl lag vielleicht ein kleines Atrium, dessen umgebende Räume wirtschaftlichen Zwecken dienten, wie das an der Strafse gelegene Atrium in der sogenannten Villa des Diomedes vor Pompeji.[5]) Dieses Atriolum samt dem

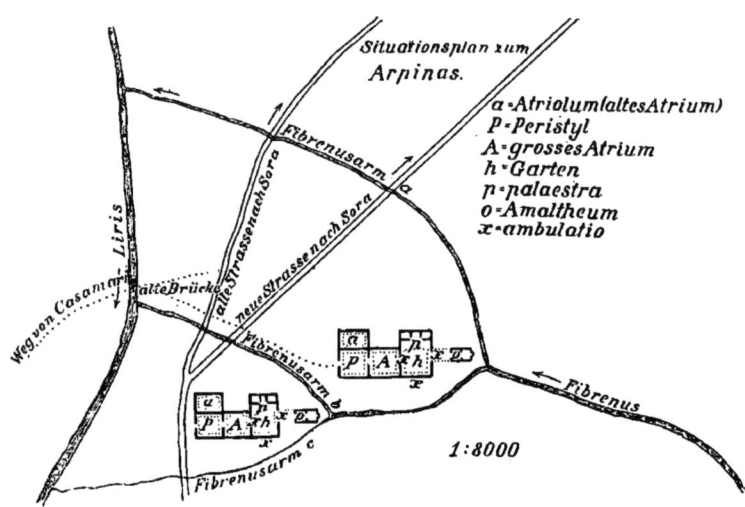

Situationsplan zum Arpinas.

a = Atriolum (altes Atrium)
P = Peristyl
A = grosses Atrium
h = Garten
p = palaestra
o = Amaltheum
x = ambulatio

1:8000

Peristyl und den beide Teile umgebenden Gemächern waren wohl die ältesten Teile der Villa. Kehrte man aus dem Atriolum ins Peristyl zurück und schritt nach Osten zu vorwärts, so gelangte man in das grofse Atrium[6]), das in der Weise des städtischen Hauses mit einem Impluvium und entsprechendem Dachausschnitt versehen war. Ringsumher lagen zahlreiche Gemächer, Wände und Decken al fresco gemalt[7]), alle mit Fenstern wohl versehen und je nach der Himmelsgegend, von der sie Licht und Wärme empfingen, als Sommer- oder Wintertriklinien, als Bibliothek u. s. w. eingerichtet.[8])

---

[1]) Ad Q. III 1, 3: *piscina.*   [2]) A. a. O. 6: *hedera.*
[3]) A. a. O. 2: *cameras.*
[4]) A. a. O. 2: *honestate testudinis.*
[5]) Ad. Q. III 1, 2: *Quo loco in porticu te scribere aiunt ut atriolum fiat, mihi, ut est, magis placebat. Neque enim satis loci videbatur esse atriolo neque fere solet nisi in iis aedificiis fieri, in quibus est atrium maius, nec habere poterat adiuncta cubicula et eiusmodi membra*; vgl. den Plan der Villa des Diomedes in Overbeck-Mau, Pompeji S. 370.
[6]) S. Anm. 5.   [7]) A. a. O. 1: *tectorium . . .*
[8]) Vitruv. I 2, 5: *Item naturae decor erit, si cubiculis et bibliothecis ab oriente lumina capiuntur, balineis et hibernaculis ab occidente hiberno, pinacothecis et quibus certis luminibus opus est partibus a septentrione* u. s. w. Ad Q. III 1, 2 *aestivom . . . subgrande cubiculum . . . hibernum alterum . . .*

Aus den Schlafräumen gelangte man leicht ins Bad[1]) und in die grofse, säulengetragene Wandelbahn (*ambulatio*), die die Ostseite des Hauses und den viereckigen Hausgarten ebenfalls viereckig umgab und einen schön gepflasterten Fufsboden zeigte.[2]) Zwischen den Säulen der Wandelbahn sah man Bildsäulen in griechischer Gewandung; Epheu, der die ganze Basis der Villa umspann, rankte auch an den weifsen Gestalten hinauf.[3]) Ein Ausläufer der Wandelbahn verband sie und das Haus mit der von Hallen umgebenen, rechteckigen oder runden Palaestra[4]), einem der griechischen Elemente im römischen Villenbau, die ebensogut zu körperlichen Übungen, wie etwa zum Ballspiel, wie als Ort für Disputationen und Deklamationen verwendet werden konnte. Das Bad zeigte noch nicht die verschwenderische Ausstattung späterer Luxusbauten, enthielt aber doch schon mehrere Abteilungen: zunächst ein kühles, 'moosiges' Auskleidezimmer[5]), ein Schwitzbad und ein Kaltbad. Die Heizung geschah von unten, hypokaustisch.[6])

Die ganze Villa war mit heiteren Garten- und schattenspendenden Parkanlagen umgeben. Hier durften die Sträucher und Bäume nicht wachsen, wie sie wollten, sondern mufsten sich vom Gärtner[7]) Gestalt und Form geben lassen, der 'ringsumher eine grüne Architektur geschaffen hat, die die steinerne nachahmt und in die Ferne projiziert'.[8]) Indes der Hauptreiz dieses Landsitzes blieb die muntere, geschwätzige Welt des Wassers: zwei breite Arme des Fibrenus umfafsten die begnadete Scholle und liefsen überall ihr Rauschen hören; aus ihnen waren wieder zahlreiche Gräben abgeleitet, die das Grundstück nach allen Richtungen durchschnitten; aufserdem gab es plätschernde Springbrunnen und Wasserbecken, die auch im heifsesten Sommer Kühlung verbreiteten.[9])

Die Fülle natürlicher und künstlicher Reize trachtete Cicero noch zu vermehren. Im Jahre 61 schwärmt er für das Amaltheum, das Atticus auf seinem epirotischen Landgute an den Wassern des Thyamis unter alten Platanen

---

[1]) Ad Q. III 1, 2: *Subgrande cubiculum autem et hibernum altum valde probavi, quod et ampla erant et loco posita ambulationis uno latere, eo quod est proximum balneariis.*

[2]) A. a. O.: *porticus pavimentata . . .*

[3]) A. a. O. 5: *Topiarium laudavit; ita omnia convestivit hedera, qua basim villa, qua intercolumnia ambulationis, ut denique illi palliati topiarium facere videantur et hederam vendere.*

[4]) A. a. O. 3: *palaestra.*

[5]) A. a. O. 5: 'Aποδυτηρίῳ *nihil alsius, nihil muscosius . . .*

[6]) A. a. O. 2: *In balneariis assa in alterum apodyterii angulum promovi, propterea quod ita erant posita, ut eorum vaporarium . . . esset subiectum cubiculis.*

[7]) Ad Q. III 1, 5: *topiarius.*

[8]) Ad Q. III 1, 3: *silva virdicata*; vgl. Plin. ep. V 6, 16 f. und *silva caelata* bei Seneca, Controv. X 9.

[9]) Ad Q. III 1, 3: *Ego locum aestate umbrosiorem vidi nunquam; permultis locis aquam profluentem et eam uberem . . . piscina et salientibus* (sc. aquis) *additis*; § 4: *de aqua per fundum eius ducenda . . .* vgl. Cic. de leg. II 2: *Magnificasque villas et pavimenta marmorea et laqueata tecta contemno: ductus vero aquarum, quos isti Nilos et Euripos vocant, quis non, cum haec videat, inriserit?*

besafs, und will etwas Ähnliches auf dem Arpinas errichten.[1]) Die unten
citierten Stellen geben uns manches Rätsel auf. Was ist ein Amaltheum?
Gewifs nicht eine selbständige Villa[2]), sondern ein aus Griechenland über-
nommenes Element zu einer Villa, wie wir oben in der Palaestra eins kennen
gelernt haben. Das Amaltheum des Atticus war ursprünglich gewifs nur ein
bescheidenes Heiligtum der nährenden Nymphe des Zeus, die man als Symbol
der schaffenden Naturkraft am rauschenden Wasser verehrte, in ähnlichem
Verhältnis zur Villa des Atticus, wie der Artemistempel zum Landhaus Xenophons
in Skillus — aber damit hatte Atticus wohl ein lauschiges, quellendurch-
rieseltes Gartenzimmer verbunden, in dem er entsprechenden Wandschmuck
und Bilder berühmter Männer mit kurzen metrischen Inschriften angebracht
hatte.[3]) Ich denke mir das Amaltheum mit dem Grundrisse einer kleinen
Basilika, in einer bunten Nische endigend, das Gartenhaus davor von Säulen
getragen; eine ähnliche zweigliedrige Anlage ist im Garten der sogenannten
Villa des Diomedes bei Pompeji teilweise erhalten (s. unten), eine andere ähnliche wird unter den Resten des Formianums besprochen werden (s. S. 26 f.).
Vielleicht hätte auch Cicero sein Amaltheum inmitten des von Säulengängen
umgebenen Gartens angelegt, wenn ihn nicht des Atticus Vorbild — dessen
A. lag am Thyamis — auf einen andern Ort seines Besitztums hingewiesen
hätte, der allerdings für eine derartige Anlage wie geschaffen war. Ich meine
die Stelle am Ostende des Delta, wo sich der Fibrenus in seine beiden Hauptarme teilte: der üppige Pflanzen- und Baumwuchs, das starke Rauschen des
nährenden Wassers, die erquickendste Kühle bezeichnete gewissermafsen durch
die Natur selbst diesen Ort zur Anlage des Heiligtums der zeusnährenden
Nymphe. Zu bequemer Verbindung des Amaltheums mit den Säulenhallen des
Gartens wurde wohl ein gedeckter Gang (*xystus*) angelegt.

Was aber meint Cicero, wenn er in einer der citierten Stellen (Ad Att.
I 16, 18) den Freund fragt, welche 'Topothesie' sein Amaltheum zeige? Die
kommentierten Ausgaben schweigen sich über diesen Begriff aus, ebenso die
Handbücher über die antike Kunst.[4])

Ich kann aus Rücksicht auf den Raum hier keine breitere Untersuchung
über diesen interessanten Begriff der antiken Kunstgeschichte einschalten,

---

[1]) Cic. ad Att. I 13, 1; II 20, 1; I 16, 15: *Epigrammatis tuis, quae in Amaltheo posuisti,*
contenti erimus ... 18: *Velim ad me scribas, cuiusmodi sit Ἀμαλθεῖον tuum, quo ornatu,*
qua τοποθεσίᾳ et quae poemata quasque historias de Ἀμαλθείᾳ habes ad me mittas: libet
mihi facere in Arpinati. De leg. II 7: *Tamen huic amoenitati* (sc. Arpinatis), *quem ex Quinto*
saepe audio, Thyamis Epirotes tuus ille nihil opinor concesserit. Q. Est ita ut dicis; cave
enim putes Attici nostri Amalthio platanisque illis quicquam esse praeclarius.

[2]) Diese irrige Ansicht vertritt Wernicke (Pauly-Wissowa I 1723) in einem kleinen
Artikel über Amaltheion, der auch noch andere Fehler enthält.

[3]) S. die Anm. 1 citierten Stellen.

[4]) Wenigstens habe ich diesen Begriff in Paulys Realencyklopädie, in Baumeisters
Denkmälern, in Helbig, Die Kampanische Wandmalerei und anderwärts vergeblich gesucht.
Auch die Bedeutung, die Georges' lat. Lex. giebt: 'die fingierte Situation eines Ortes' ist
ohne praktischen Wert.

sondern mufs mich begnügen, das Ergebnis meiner Untersuchungen anzugeben.
Darnach bedeutet τοποθεσία (topothesia) 1) bei den Geographen die Festlegung
geometrischer Örter, um eine Landkarte zu zeichnen[1]), 2) beim Redner, Dichter,
Geschichtschreiber die idealistische Schilderung einer Gegend als eines Schau-
platzes, auf dem Personen handelnd gezeigt werden sollen[2]), 3) beim Maler die
Zeichnung einer räumlichen Staffage, in die Figuren hineinkomponiert werden
sollen.[3])

Beim Amaltheum haben wir es mit der dritten Bedeutung zu thun. Cicero
will durch die Frage *qua τοποθεσία* von Atticus erfahren, welcher Art die
Landschaftsmalerei an den Wänden seines *Ἀμαλθεῖον* sei, um sie zum Muster
zu nehmen. Sie mufste nach einem von Vitruv überlieferten Gesetze[4]) in
innerer Beziehung zur Bestimmung des Raumes und seiner Umgebung stehen:
es waren aber vermutlich Platanen mit Vögeln auf den Zweigen über fliefsendem
Wasser.[5])

Ferner möchte Cicero auch auf Amalthea bezügliche Verse[6]) haben, um

---

[1]) Diese Bedeutung ergiebt sich aus dem Verbum τοποθετεῖν, vgl. Strab. II S. 109.

[2]) Der Gegensatz zu dieser τοποθεσία ist τοπογραφία; jene quillt aus der Phantasie,
diese aus der Beobachtung; Zweck der τοποθεσία ist die Schönheit, Zweck der τοπογραφία
die Wahrheit. Vgl. Servius' Komm. zu der berühmten Stelle Aen. I 159 f. (Schilderung der
rettenden Bucht, in die sich Aeneas vor dem Seesturm zurückzieht): *Topothesia est, id est
fictus secundum poeticam licentiam locus. Ne autem videatur penitus a veritate discedere,
Hispaniensis Carthaginis portum descripsit. Ceterum hunc locum in Africa nusquam esse
constat, nec incongrue propter nominis similitudinem posuit. Nam topographia rei verae
descriptio.* Meine Auffassung wird aber vor allem bestätigt durch Cic. ad Att. I 13, 5:
Τοποθεσίαν, quam postulas Miseni et Puteolorum includam orationi meae. Atticus hatte
also von Cicero verlangt, dafs er in einer gewissen Rede — wir wissen nicht genau welcher —
zur Ausschmückung und als Staffage für die handelnden Personen eine idealistische Schilderung der beiden berühmten Badeorte Misenum und Puteoli anbringe. Eine solche 'Topothesia' von Syrakus enthält z. B. In Verr. IV 117 f.

[3]) Ich meine also, dafs man die Darstellung dessen, was Virgil in der oben citierten
Stelle beschreibt: Meeresbucht, Felsen, Grotten mit Quellen und Steinbänken, auch dann
als τοποθεσία bezeichnete, wenn die 'Schilderei' nicht mit dem Schreibgriffel, sondern mit
dem Pinsel und mit Farbe ausgeführt war. Der lateinische Ausdruck für solche Bilder ist
topia, vgl. Vitruv VII 5, 2: *Postea ingressi sunt, ut etiam aedificiorum figuras, columnarum
et fastigiorum eminentes proiecturas imitarentur . . . ambulationes vero propter spatia longitu-
dinis varietatibus topiorum ornarent ab certis locorum proprietatibus imagines exprimentes.
Pinguntur enim portus, promunturia, litora, flumina, fontes, euripi, fana, luci, montes, pecora,
pastores . . .* Ja sogar mit plastischen Mitteln lassen sich solche *topia* herstellen: vom Bild-
hauer in Reliefs, vom Gärtner durch Blumenbeete und kunstvoll geleitete oder beschnittene
Pflanzen und Bäume; darum bedeutet dasselbe Wort auch die 'Landschaftsgärtnerei', und
der Landschaftsgärtner heifst *topiarius*.

[4]) Vitruv VII 5, 2: *Ceteris conclavibus id est vernis, autumnalibus, aestivis, etiam atriis
et peristyliis constitutae sunt ab antiquis ex certis rebus certae rationes picturarum.*

[5]) Vgl. Plin. ep. V 6, 22 bei Schilderung eines ähnlichen Gemaches: *Nec cedit gratiae
marmoris ramos insidentesque ramis aves imitata pictura* und das unten S. 18 besprochene Relief.

[6]) Vgl. Aratus, Phaen. 163; Kallimachos, Hymnus in Iov. 49 u. s. w. Atticus hatte
allerdings auch solche Verse in seinem Amaltheum, die Ciceros Thaten priesen, vgl.
Ad Att. I 16, 15.

sie an die Wände zu schreiben, und auf die Nymphe bezügliche Mythen, die in die Topothesie der Wände hineinkomponiert werden sollten. Dafs dies Sitte war, beweisen nicht nur zahlreich erhaltene Bilder dieser Art aus Pompeji, sondern auch Vitruv in der Fortsetzung der S. 17 Anm. 3 citierten Stelle: *Nonnullis locis item signantur megalographiae habentes deorum simulacra seu fabularum dispositas explicationes, non minus Troianas pugnas seu Ulixis errationes per topia ceteraque quae sunt eorum similibus rationibus ab rerum natura procreata.* Hier bezeichnet der Begriff *megalographiae* im Gegensatz zu *topothesia* die Darstellung von Götter- und Heldengestalten und von Scenen, in denen sie handelnd abgebildet werden. Der Megalographie mufs eine Topothesie vorausgehen. Also tritt die letztere nicht nur selbständig auf — wie etwa bei der Ausschmückung einer Wandelbahn —, sondern sie tritt auch als staffierende Kunst in den Dienst einer höheren Aufgabe, indem sie die τόποι (*topia*) schafft, in die der Historienmaler seine Gestalten hineinzeichnet. Erst durch Verbindung von Topothesie mit Megalographie wird die höchste dekorative Wirkung erzielt.[1]) Ein glücklicher Zufall hat es gefügt, dafs uns eine Darstellung des Amaltheamythus in einem lateranischen Relief (Roscher, Myth. Lex. I S. 263) erhalten ist, die uns eben diese Verbindung von Topothesie und Megalographie zeigt. Denken wir uns dieses Bildwerk in Malerei ausgeführt, so gehört die Grotte, auf der ein Geier einen Hasen verspeist, die Schafe links vom Eingange und die Platane, an der sich eine Schlange, das Symbol der Quelle, emporwindet, samt den Vögeln auf den Zweigen des Baumes der Topothesie an, in die dann die Gestalten des Pan, der Nymphe Amaltheia und des von ihr mit dem Horne getränkten Zeusknaben hineinkomponiert sind. —

Während Cicero sein Amaltheum durch den Baumeister Cyrus[2]) errichten liefs, sehnt er sich nach Atticus' Rat und Hilfe.[3]) Aber der Freund ist lange Zeit in Epirus und kommt erst im Dezember 60 dazu, das Amaltheum zu besichtigen, als er auf einer der arpinatischen Villen seines Schwagers Q. Cicero weilte.[4]) Cicero war damals nicht auf dem Arpinas, deshalb hatte ihm Atticus seine Ausstellungen bezüglich der zu kleinen Fenster brieflich mitgeteilt, und Cicero antwortet darauf, indem er in scherzhafter Weise den Baumeister Cyrus und ein optisches Gesetz vorschiebt.[5])

---

[1]) Etwas Ähnliches wie τοποθεσία und der μεγαλογραφία direkt Entgegengesetztes ist ῥωπογραφία = Kleinmalerei, vgl. Ad Att. XV 16ᵇ.

[2]) Ad Att. II 3, 2.

[3]) Ad Att. II 1, 1 (aus dem Juni 60, vgl. Sternkopf, Elberfelder Progr. vom J. 1889 S. 20) *Amalthea mea te exspectat et indiget tui.*

[4]) Ad Att. II 3, 3 (vgl. Sternkopf a. a. O. S. 20 f.): Θεοφράστου περὶ φιλοτιμίας affer mihi de libris Quinti fratris.

[5]) A. a. O. § 2: *Fenestrarum angustias quod reprehendis, scito te Κύρου παιδείαν reprehendere. Nam cum ego idem istuc dicerem, Cyrus aiebat vi radiorum διαφάσεις latis luminibus non tam esse suaves; etenim ἔστω ὄψις μὲν ἡ α, τὸ δὲ ὁρώμενον β γ, ἀκτῖνες δὲ δ καὶ ε — vides enim cetera; nam si κατ' εἰδώλων ἐμπτώσεις videremus, valde laborarent εἴδωλα in angustiis; nunc fit lepide illa ἔκχυσις radiorum.*

Weitere Nachrichten über die Baugeschichte des Arpinas sind nicht vorhanden; aber das vorgelegte Material genügt auch vollkommen, um uns den Begriff zu geben, dafs Ciceros Arpinas eine sehr anmutige und ansehnliche Anlage gewesen ist, die auch der selbständigen Glieder (palaestra, Amaltheum), die Winnefeld für die Villen der Kaiserzeit in Anspruch nimmt[1]), keineswegs entbehrte. —

Das Arpinas hat Ciceros Entwickelung beeinflufst wie kein anderes seiner Landgüter. Die liebliche Umgebung des Vaterhauses mit ihren lauschigen Plätzen lockte den feinsinnigen, hochbegabten Knaben frühzeitig zu stiller Gedankenarbeit, Gesang der Nachtigallen und das Murmeln des Wassers machte sein Ohr empfänglich für den Wohlklang und die Rhythmen der Rede, weckten die lebhafte Empfindung für Schönheit und Harmonie, die kühnen Felshäupter aber, die den Horizont umsäumen[2]), riefen den leicht Erregbaren nach Marius' Vorbild zu befreiender That; aufserdem pflanzte der stete Verkehr mit arbeitsamen Landleuten und ehrbaren Matronen in ihn den unermüdlichen Fleifs und die unverrückbaren Ideale von Zucht und Sitte, und der Anblick ragender Denkmale altitalischer Geschichte im nahen Arpinum, in Veroli und Alatri u. a. wob jene innige Vaterlandsliebe hinzu, die ein Grundzug seines Wesens war. Gern und oft kehrte er auch, nachdem er den konsularischen Purpur getragen, an die Stätte seiner glücklichen Kindheit zurück. Darum hat das Arpinas auch in den späteren Zeiten seines Lebens eine grofse Rolle gespielt. Hier verweilte er besonders gern zur heifsen Sommerszeit[3]); dann pflegte er in seinem Amaltheum oder auf der lieblichen Infsel Carnello zu lesen, zu sinnen, zu schreiben.[4]) Hier sind die Bücher über die Gesetze entworfen, die trotz ihrer Trümmerhaftigkeit das Rauschen des Fibrenus wiederklingen und den Erdgeruch der Schollen an sich tragen, die dort fleifsige Pflüger mit den breitgehörnten, silbergrauen Stieren wendeten und wenden bis auf diesen Tag.[5]) Vor seiner Abreise nach Cilicien im J. 51 nahm Cicero vom Arpinas förmlich Abschied[6]), und als er wieder daheim war und dem Landfriedensbrecher Caesar die Versöhnung versagt hatte, eilte er wieder ins Vaterhaus, um in der nahen Stadt dem einzigen Sohne die männliche Toga zu verleihen.[7]) Auch vor der verhängnisvollen Ausfahrt zu Pompejus nahm er im J. 49 Abschied vom Arpinas und den andern Lieblingsvillen, wie ein irrender Waldvogel, der sein warmes Nest verloren hat.[8]) Während seiner Abwesenheit aber sollten Frau und

---

[1]) Preufs. Jahrb. 1898 S. 461 f.
[2]) Man findet alle Züge der Umgebung des Arpinas wieder z. B. in De deorum nat. II 98.
[3]) Cic. ad Q. III 1, 1: *Ego ex magnis caloribus — non enim meminimus maiores — in Arpinati summa cum amoenitate fluminis me refeci . .*
[4]) De leg. II 1.
[5]) Vgl. Frühlingstage am Garigliano, Grenzboten 1898 S. 314.
[6]) Vgl. O. E. Schmidt, Der Briefwechsel Ciceros u. s. w. S. 72.
[7]) A. a. O. S. 163.
[8]) Ad Att. VIII 9, 3: *Ego Arpini volo esse pridie Kal.* (sc. Martias), *deinde circum villulas nostras errare, quas visurum me postea desperavi.*

2*

Tochter auf dem Arpinas hausen als dem sichersten Asyl vor den Kriegs-
drangsalen.[1]) Im März 45 hat ihm Atticus geraten, das für die geliebte Tochter Tullia
geplante Heiligtum auf der insula Arpinas, das ist auf der Fibrenusinsel
Carnello (s. S. 11 f.) zu errichten, aber Cicero findet diesen Platz zwar sehr
weihevoll, jedoch zu weit von Rom entfernt.[2]) Dann lebt er vom 21. Juni
bis zum 6. Juli hier seinen philosophischen Studien: er hat auf dem Arpinas
die Academica umgearbeitet und ein Stück der Schrift De finibus verfafst.[3]) Im
November 44 sucht er vor den Legionen des Antonius Zuflucht auf dem
Arpinas; von da brach er am 9. Dezember zum letzten Kampfe gegen die
Militärdiktatur nach Rom auf.   Auf dem Arpinas sind vermutlich auch die
irdischen Reste Ciceros bestattet worden, wenn anders sie im Drange der Zeit
ein rechtliches Begräbnis fanden.   Denn es war in der That am natürlichsten,
dafs die treuen Sklaven und Freigelassenen des Ermordeten den verstümmelten
Leichnam vom Strande bei Formiae (vgl. S. 29) das Liristhal aufwärts trugen
in seine ihm immer teuer gewesene Heimat, wo ja auch seine Ahnen bestattet
waren.   Aufserdem aber erfährt meine Annahme eine gewisse Bestätigung
durch ein Epigramm des Martial (XI 48):

> *Silius haec magni celebrat monumenta Maronis,*
> *Iugera facundi qui Ciceronis habet.*
> *Heredem dominumque sui tumulive larisve*
> *Non alium mallet nec Maro nec Cicero.*

Diese Verse sind an den Dichter Silius Italicus gerichtet, der hier wie anderwärts[4]) als der pietätvolle Erhalter solcher Stätten erscheint, die durch einen
grofsen Römer der älteren Zeit geweiht schienen.   Unter den *iugera facundi
Ciceronis* kann aber nur sein väterliches Erbgut, also das Arpinas, verstanden
werden, da nur dieses einen gröfseren Ackerbesitz aufwies.[5])   Endlich kommt
bestätigend in Betracht, dafs Silius selbst seinem Werke (VIII 399 f.) einen
begeisterten Lobpreis der Stelle, wo Ciceros Villa stand, und ihres ehemaligen
Besitzers eingefügt hat:

> *At qui Fibreno miscentem flumina Lirim*
> *Sulphureum tacitisque vadis ad litora lapsum*
> *Accolit, Arpinas, accita pube Venafro*

---

¹) Cic. ep. XIV 7, 3.
²) Cic. ad Att. XII 16 (12), 1: *Insula Arpinas habere potest germanam ἀποθέωσιν, modo
ne habere videatur ἐκτοπισμόν.*
³) O. E. Schmidt, Der Briefwechsel u. s. w. S. 429.   Auch ein Aufenthalt im Mai auf
dem Arpinas ist bezeugt, vgl. Ad Att. XV 2; 3.
⁴) Mart. VII 63, 6; Plin. Hist. nat. III 7, 8: *Multum ubique librorum, multum statuarum,
multum imaginum, quas non habebat modo, verum etiam venerabatur: Virgilii ante omnes,
cuius natalem religiosius quam suum celebrabat; Neapoli maxime, ubi monimentum eius adire
ut templum solebat.*
⁵) Cic. ad Att. XIII 13 (9), 2; vgl. S. 13.

Ac Larinatum dextris socia hispidus arma
Commovet atque viris ingens exhaurit Aquinum ...
Ille, super Gangen, super exauditus et Indos
Implebit terras voce et furialia bella
Fulmine compescet linguae nec deinde relinquet
Par decus eloquio cuiquam sperare nepotum.

Sicherlich erhielt ein so vornehmer und für Roms grofse Toten so begeisterter Mann wie Silius Italicus das Arpinas in seinem alten Glanze. Aber die späteren Schicksale der Villa sind uns dunkel. Sie teilte im IV. und V. Jahrh. das allgemeine Los Italiens. Manch blondlockiger Germane zog wohl an den einstürzenden Gemächern und Säulenhallen vorüber ohne zu ahnen, dafs sich sein Urenkel mit den Worten und Gedanken des Mannes abfinden müsse, dem hier Heimat und Grabesruhe beschieden war. Der Longobardenherzog Gisulf von Benevent nahm Arcis, Arpinum und Sora mit stürmender Hand[1]); darnach gebot wohl ein longobardischer Kriegsmann auch über den Trümmern der Villa des Tullius. Ihm folgte um 860 der fränkische Graf Wido als Herr dieser Gegend.[2]) Er besafs schwerlich ein tieferes Interesse für die Vergangenheit dieser ehrwürdigen Scholle und ihrer Ruinen. Immerhin hatte sich hier wie im benachbarten Casamari aus der Heidenzeit eine schwache Überlieferung erhalten, dafs jene Fluren und Trümmer einst dem Cicero, diese dem Marius gehört hätten. Denn es ist doch gewifs kein Zufall, dafs die von den Cluniacensern reformierte Kirche gerade an diesen Stätten je ein Gotteshaus und ein Kloster als Sitz frommer Beschaulichkeit errichtete. An der Fibrenusmündung geschah es um 1030.[3]) Die frommen Brüder, die sich hier niederliefsen, wählten zu ihrer Siedelung das kleinere südliche Delta. Sie bauten in romanischem Stile ein Gotteshaus, das dem heiligen Domenico geweiht wurde, etwa so grofs wie San Miniato bei Florenz, mit der Front nach dem Liris. Den Chor erhöhten sie 14 Stufen über das Schiff, sodafs nur wenige Stufen nötig waren, um zur Krypta hinabzusteigen, die die Gebeine des Heiligen birgt. Vor der Kirche erhob sich eine dreibogige Vorhalle, die indes jetzt bis auf einen Rest des südlichsten Bogens zerstört ist; man kann sie sich aber nach dem Muster der wohlerhaltenen Vorhalle im benachbarten Casamari im Geiste wieder aufbauen. Auch das Innere (s. Taf. I Nr. 2) hat im Laufe der Zeit den alten edlen Schmuck der Inkrustation und des Mosaikfufsbodens bis auf geringe Reste verloren, die Säulen sind bei einer Wiederherstellung durch plumpe Pfeiler ersetzt worden.[4]) Aber die Krypta hat ihren ursprünglichen Charakter erhalten: 16 antike Säulen teils aus Marmor, teils aus Granit tragen sie. Wo

---

[1]) Paulus Diac. Hist. Langob. VI 27.
[2]) Catalogus regum Langob. u. s. w. Monum. Germ. Script. rer. Langob. S. 493.
[3]) S. o. S. 9 Anm. 2.
[4]) Wie ich durch Vermittelung des Herrn Reichlin vom Vorstande des Klosters erfahren habe, erfolgte die letzte Wiederherstellung i. J. 1833. Doch sollen die Pfeiler weit älter sein.

stammen sie her? Woher kamen ferner die Trümmer eines kostbaren Fufsbodens aus grünem Marmor, die sich in den Wänden der Kirche hie und da eingemauert finden, der Rest eines schönen Architravs, der an der äufseren Wand der Apsis mit verbaut worden ist? Es ist keine allzukühne Vermutung, wenn wir annehmen, dafs sie den Resten der benachbarten Villa Ciceros entstammen. Vielleicht trugen die Säulen, von denen eine ein schönes korinthisches Kapitäl zeigt, ursprünglich das Dach des Peristyls, andere mögen aus dem Amaltheum stammen. Aufserdem sind aber auch noch viele andere antike Werkstücke beim Aufbau der Kirche und des Klosters verwendet worden. So finden sich z. B. in der Südseite der Kirche zwei gut erhaltene Grabsteine römischer Soldaten, der eine geziert mit einem Kopf, Schwert und Schild, der andere mit einem Legionsadler. Ähnliches mit Resten von Inschriften ist auch an der Nordseite, zum Teil hoch oben, vermauert. Andere Stücke dienen als Basen der Säulen in der Krypta; Basen gröfserer Säulen und ein römischer Pfeiler mit Pilaster liegen noch vor der Kirche links vom Eingange; sie waren ehedem zur Vorhalle verwendet worden. Man kann wohl sagen, dafs die meisten Werkstücke des Arpinas, die im J. 1030 noch übrig waren, samt den Grabsteinen, die an der nach Sora führenden Strafse in der Nähe lagen, in San Domenico mit verbaut worden sind. So ist also auch dieses stille Kloster ein 'Kirchhof der alten Römerwelt' geworden. Nur ein Grabmal steht unangetastet und ziemlich wohl erhalten dicht neben der Nordseite der Kirche, in gleicher Richtung mit der Façade, auf dem beigegebenen Bilde (Taf. I Nr. 1) links wohl erkennbar. Es gilt bei dem Laienbruder und den Landleuten des Klosters, die mich bei meiner Untersuchung der Baulichkeiten begleiteten und unterstützten, als der Rest eines älteren Eingangsthores zum Kloster; und in der That, von der Strafse aus erscheint es wie ein zugemauertes Thor. Aber vom Garten aus sieht man den quadratischen Grundrifs der aus grofsen Marmorquadern gemauerten Basis, auf der sich anderes Mauerwerk, vermutlich mit vier Nischen, erhob. Ein schmaler, durch ein Eisengitter geschlossener Kanal führt von der Rückseite ins Innere des Grabmals hinein: er wurde, wie mir der Laienbruder sagte, etwa vor fünf Jahren aufgedeckt. Die menschlichen Gebeine, die sich damals darin vorfanden, liegen noch in einer benachbarten Mauernische der Kirche. Das ganze Monument erinnert in den Grundformen etwa an das Grabmal der beiden Libella in Pompeji (vgl. Overbeck-Mau, Pompeji S. 410). Hier erheben sich mancherlei Fragen. Warum liefs man bei der Errichtung von San Domenico gerade dieses Grabmal stehen und baute die Kirche fast unmittelbar daran? Galt es etwa nach einer alten Tradition als Ciceros Grab? Ich habe die Reste der Gebeine damals weder genauer untersucht noch geborgen, da mir die oben citierte Martialstelle nicht gegenwärtig war. Neuerdings aber habe ich in dieser Angelegenheit nach San Domenico geschrieben; denn eine schwache Möglichkeit — nicht mehr und nicht weniger — liegt vor, dafs dieses Grabmal einst Ciceros irdische Reste beherbergte. Die Erde giebt jetzt mancherlei zurück, was sie mit tausendjährigem Schlummer bedeckt hatte. Aber mag man meinen Gedanken immerhin eine blofse Illusion schelten,

schon die von mir ausgesprochene Möglichkeit verstärkt doch den Eindruck
des Ehrwürdigen, den die Geburtsstätte des Meisters römischer Humanität auf
jeden denkenden Besucher ausübt.

II. DAS FORMIANUM

Heil dem Bürger des kleinen
Städtchens, welcher ländlich Gewerb mit Bürgergewerb paart!
Goethe

Ciceros Vaterhaus gehörte im Mittelalter und in der neueren Zeit nicht
zum Gebiete des römischen Kirchenstaates, sondern zum Königreiche Neapel.
Noch heute ist der Hauptzug des Verkehrs aus dem Liristhal nicht nach Rom,
sondern südwärts nach Neapel zu gerichtet. So war es wohl schon im Altertum: der Mensch folgte den Wassern des Liris, die ihn in den Golf von Formia
und Gaeta führen. Auch Cicero scheint bei der Erwerbung von Landhäusern
diesem natürlichen Zuge gefolgt zu sein. Denn die erste Besitzung, die er zu
seinem paternus avitusque fundus hinzuerwarb, war das Formianum, das unweit der Mündung desselben Stromes liegt, dessen Gewässer in ihrem Mittel-
laufe seine väterliche Scholle umrauschten. Bereits im J. 67, als Cicero das
im J. 68 erworbene Tusculanum (s. unten) auszuschmücken gedenkt, erwähnt
er das Formianum wie ein Gut, das ihm durch längeren Besitz etwas gleich-
gültiger geworden ist.[1]) Und doch hat er auch das Formianum geschätzt und
geliebt. Denn obwohl ihn die lebhafte Bevölkerung der Stadt Formiae, die ihn
über alles und jedes um Rat fragt, und wißbegierige Nachbarn manchmal nicht
zur Ruhe kommen lassen[2]), so ist es doch auch wieder schmeichelhaft für
Formiae, wenn er es, der Volkssage Raum gebend, die Stadt der Lästrygonen
nennt und auch das Homerische Τηλέπυλος auf sie anwendet.[3]) Und als im
J. 57 die Frage zu entscheiden ist, ob das von den Banden des Clodius ver-
wüstete Formianum wiederhergestellt oder verkauft werden soll, da entscheidet
er sich: 'Es wird wiederhergestellt, da ich es weder aufgeben noch [in seiner
jetzigen Verwüstung] sehen kann.'[4]) Es war ihm in der That unentbehrlich
als der Knotenpunkt dreier wichtiger Straßen, auf denen er sich zwischen den
Brennpunkten seines Lebens: Rom, Arpinum und dem Golf von Neapel hin-
und herbewegte. Die Reise vom Formianum nach Rom machte er entweder zur
See oder zu Lande nach Tarracina und von da auf der Via Appia zur Stadt[5]),

---

[1]) Ad Att. I 3, 2 (etwa aus dem November oder Dezember 67; vgl. Sternkopf, Elberf.
Progr. S. 7): *Signa quae nobis curasti, ea sunt ad Caietam exposita . . Ad Att. I 4, 2: Quae
mihi antea signa misisti, ea nondum vidi: in Formiano sunt, quo ego nunc proficisci cogitabam.
Illa omnia in Tusculanum deportabo. Caietanum, si quando abundare coepero, ornabo.* Über
die Identität von Formianum und Caietanum s. unten S. 27.

[2]) S. unten S. 25 f.

[3]) Ad Att. II 13, 2: *Si vero in hanc Τηλέπυλον veneris Λαιστρυγονίην — Formias dico —* ...

[4]) Ad Att. IV 2, 7 (etwa vom 4. Oktober 57; vgl. Körner, De epistulis Cic. S. 8):
Reficitur Formianum, quod ego nec relinquere possum nec videre.

[5]) Z. B. Ad Att. VII 5, 3.

die Reise nach den Besitzungen am Golf von Neapel wurde durch ein Nacht-
quartier in Sinuessa geteilt[1]), der Weg auf das Arpinas führte erst nach
Minturnae an den Liris, von da im rechten Winkel nordwärts nach Aquinum
(Nachtquartier) und von da über Arcis zum Fibrenusdelta.[2]) Aus diesem
Grunde hat das Formianum auch im Leben Ciceros eine bedeutende Rolle gespielt: er suchte es besonders in kritischen Lagen auf. So war er hier vom
16. Dezember 50 bis zum 1. Januar 49 vor Ausbruch des Bürgerkrieges zwischen
Pompejus und Caesar, und von hier reiste er, um womöglich Frieden zu stiften,
nach Rom. Nach dem Zusammenbruche der Regierung erscheint er am 20. Januar
sofort wieder auf dem Formianum, wo er mit kurzen Unterbrechungen bis
zum 28. März verblieb. Zu Formiae hatte er an diesem Tage die folgen-
schwere Unterredung mit Caesar, nach der er Caesars Bitten zum Trotz nicht
in den Senat geht, sondern auf sein Arpinas (S. 19).[3]) Vom Formianum aus
bestieg Cicero am 7. Juni 49 das Schiff, um ins Lager des Pompejus zu reisen.[4])
Nach Caesars Ermordung im Sommer 44 berührte er mehrmals das Formianum
auf der Durchreise nach dem Puteolanum[5]), und endlich, als das Gebäude seiner
Hoffnungen vor der siegreichen Militärdiktatur der Triumvirn zusammen-
gebrochen war, ist das Formianum sein letzter Zufluchtsort; unweit dieser
Villa ereilten ihn die Mörder.[6])

Diese Erinnerungen beschäftigten mich, als ich an einem entzückenden
Maimorgen von Caserta aus die Fahrt nach Formia antrat. Die Bahn dahin
zweigt in Sparanise von der Hauptlinie Rom-Neapel ab und führt durch wohl-
angebautes Land, stellenweise mit dem Charakter deutschen Mittelgebirges,
durch blumige Wiesen und Eichenhaine, an grünen Schluchten vorüber, die
derartig von sonnendurchstrahltem Laubwerk überwachsen sind, dafs Luft,
Wasser und Menschen in der Tiefe von einem goldgrünen Schein erglänzten.
Auch Sessa, das alte Suessa Aurunca, wird berührt, wo die merkwürdige Haar-
tracht der Frauen auffällt — breite Flechten von durchbrochenem Muster wie
aus Filigranarbeit —, ebenso der weinberühmte Monte Massico, der unten ein
grünes Geschlinge von Maulbeerbaum und Reben, in der Mitte silbergraue
Olivenbäume, oben aber kahle, violettschimmernde Heide zeigt. Dann gehts
über den versumpfenden Garigliano (Liris) und nun, um einem von Norden
nach Süden streichenden Bergzug auszuweichen, näher an die Küste hinan.
Hier liegt rechts der Bahn auf grüner Anhöhe ein dichtgedrängter Haufen
weifser Häuser: Minturno, das alte Minturnae. Aber das alte Minturnae
kann nicht oben gelegen haben, sondern unten in der Flufsebene des Garigliano;
ja ein altes Stadtbild, das von den Flurkarten der Agrimensoren herrührt,

---

[1]) Z. B. Ad Att. II 4, 6; 8, 2; 9, 4; XIV 7, 1. Briefwechsel S. 402.
[2]) Ad Att. X 1^b, 1; 2, 1 (wo für *devertissemque acutius* zu lesen ist *devertissemque aqui. ūs = Aquinum versus*, vgl. Ad Att. XVI 10, 1; 13^a, 1 u. 2: *Eo die mansi Aquini*).
[3]) Briefwechsel S. 412.
[4]) Briefwechsel S. 414.
[5]) Ad Att. XIV 7, 1; XV 20, 3.
[6]) S. unten S. 29.

zeigt sogar, dafs die Stadt vom Garigliano durchflossen wurde. Darauf hat
neuerdings Schulten in einem wertvollen Aufsatze hingewiesen[1]); aber es ist
ihm entgangen, dafs eine wichtige Bestätigung dieser Ansicht in Ciceros Brief
Ad Att. XVI 13, 1 enthalten ist. Dieser schreibt nämlich am 10. November 44
an den Freund: 'O wunderbarer Zufall! Als ich am 9. November vor Anbruch
des Tages aus dem Gebiete von Sinuessa aufgebrochen und noch in der
Dämmerung an den pons Tiretius gekommen war, der sich in Minturnae
befindet, da wo das Strafsenknie nach dem Arpinas abzweigt, kommt mir
Dein Briefbote entgegen...'
    Noch eine kurze Strecke Fahrt zwischen Meer und Bergen, und der Zug
hält in Formia. Als ich die alte Lästrygonenstadt von der bescheidenen Piazza
aus zuerst nach O. zu durchwanderte, war ich erstaunt, wie treffend sie Cicero
mit dem einen Worte Τηλέπυλος charakterisiert hat. Denn bei keiner gleich-
grofsen Stadt Italiens (es hat etwa 10000 Einwohner) ist es soweit von einem
Thore zum andern. Das kommt erstens daher, dafs die Strandebene, auf der
die Stadt liegt, sehr schmal und nach N. zu von steil ansteigenden Bergen begrenzt ist, sodafs sie fast eine einzige in verschiedenen Krümmungen und mit
absteigender Linie von W. nach O. laufende Strafse bildet, zweitens aber daher,
dafs die meist Fischfang und Handel treibenden Einwohner bei ihrer Ansiedlung natürlich alle die Berührung mit dem Meere suchten. Dieses bildet nahe
dem Ost- und nahe dem Westende je einen kleinen Hafen und überspült jetzt
Niederungen, die im Altertume bebaut waren; denn fast überall sieht man in
dem seichten Wasser die Grundmauern antiker' Gebäude.
    Mein wichtigstes Ziel war natürlich die sogenannte Villa des Cicero, die
sich jetzt im Besitze des Cavaliere Rubino befindet. Sie liegt am Westende
der jetzigen Stadt an einem kleinen, fast versandeten Hafen, etwas über dem
Meere. Wenn wir durch die rosagetünchte Gartenmauer eingetreten sind, ver-
breiten zwei hohe, malerische Cypressen sofort eine gewisse wehmütige Feierlich-
keit. Vor uns sehen wir marmorne Ruhebänke und um sie herum aufgemauert
zahlreiche antike Inschriften und Architekturtrümmer, am Boden liegen zwei
grofse antike Säulen, eine aus Cipollin, die andere aus Granit (vgl. Taf. I Nr. 4).
Für einen Augenblick kam mir die Boecklinsche 'Toteninsel' ins Gedächtnis, aber
dann fällt der Blick auf das einfache, weifse Landhaus am Ende des Ganges
und auf die fast tropische Fruchtfülle der Citronen-, Orangen- und Mandarinen-
bäume, die den ganzen Garten und auch die sich von ihm zum flimmernden
Meere absenkenden Terrassen mit heiterer Lust erfüllen. Und auch die Marmor-
inschriften gewinnen Leben: zweimal begegnet unter ihnen der Name eines
Arrius. Da fallen uns die im J. 59 auf dem Formianum geschriebenen anmutigen Stellen aus den Briefen an Atticus II 14, 2 ein: 'C. Arrius ist mein
nächster Nachbar, ja fast mein Zeltgenosse; behauptet er doch, er gehe nur
deshalb nicht nach Rom, um hier ganze Tage hindurch mit mir zu philo-
sophieren. Und auf der anderen Seite wohnt Lebosus, der Freund des Catulus.

---

[1]) 'Römische Flurkarten', Hermes 1898 S. 536 ff.

Wohin soll ich mich wenden? Beim Herkules, ich flüchtete sofort auf das
Arpinas, wenn ich nicht sähe, dafs ich Dich gerade auf dem Formianum am
besten erwarten könnte, wohlverstanden bis zum 6. Mai. Du weifst nun, was
für Leute hier meine Ohren mit Beschlag belegen, fürwahr eine herrliche
Gelegenheit für einen, der mir mein Formianum abkaufen wollte ...' und
II 15, 3: 'Gerade als ich diese Worte schrieb, tritt Lebosus bei mir ein; noch
hatte ich nicht ausgeseufzt, da ruft Arrius «Guten Tag!» Das nennt man auf
dem Lande leben.' Auf diese Stelle gestützt hat schon ein früherer vornehmer
und gelehrter Besitzer der Villa, Fürst Carolus Ligny Caposele die Vermutung
ausgesprochen, dafs der auf dem hier vermauerten Stein genannte C. Arrius
Salanus, der bis zum Feldzeugmeister avancierte, ein Enkel des bildungs-
durstigen Nachbars Ciceros gewesen sei. Leider war mir das auch von Mommsen
in der Einleitung zu den Inschriften von Formiae (CIL. X S. 604) citierte
Buch des Fürsten Caposele 'Antichità Ciceroniane ed iscrizioni esistenti nella
villa Formiana in Castellone di Gaeta' nicht zugänglich. Um so wertvoller
war mir die Inschrift, die Caposele über den Fundort des Steines in seinem
Garten angebracht hat: *Gradum siste, viator, domum suspice, quae Formiana
Ciceronis fuit hanc siquidem illi superstructam. Nedum situs, balnea, fontes,
pensiles horti aliorumque ruderum squalens majestas, verum et sinistrorsus positum
quodque muro e regione inhaerebat Arrii sepulcrale epigramma aperte testatur.*[1]
*Huius quippe Arrii cognominem avum sibi vicinum proximum ad Atticum scribens
Cicero ipse adserebat utque tam luculenta memoria nulla unquam iniuria inter-
cideret, Carolus Ligny Caputsilarensium princeps Romani eloqui principi devotus
hoc posuit, litteratos insuper lapides e vicinia conquisitos hospitum ac viatorum
eruditioni exposuit. A. CIƆIƆCCXXXVIII.*
    Dafs wir uns wirklich auf dem Grund und Boden einer antiken Villa be-
finden, wird uns erst klar, wenn wir am weifsgetünchten Hause vorüber die
Treppe zur Terrasse hinabgestiegen sind. Da sehen wir als Substruktionen
der obersten Terrasse eine langgestreckte Reihe zellenartig aneinander gesetzter
Gemächer mit Tonnengewölbe, vielfach aus opus reticulatum bestehend, davor
das antike Paviment. Diese Bogenhallen sind vorn offen und zeigen Spuren
von Fresken. Das hat aber die dem Caposele folgenden Besitzer, die Bourbonen
von Neapel, nicht abgehalten, das meiste roh zu übertünchen und Küchen und
Vorratskammern daraus zu machen. Aber einige Räume haben doch ihren
alten Zauber bewahrt. Am schönsten und weihevollsten ist eine von vier
Säulen getragene breite Halle, an die nach hinten eine mit schönem Stuck und
Mosaik verzierte schmälere anschliefst, die wiederum in einer ehemals reich
geschmückten Apsis endigt, ähnlich wie die mosaizierten Apsiden in den Haus-
gärten Pompejis. Ciceros Amaltheum auf dem Arpinas mag ein ähnlicher Bau

---

[1] In seinem Buche berichtet Caposele von dem Stein des Arrius (CIL. X Nr. 6101)
La trassi dal muro del podere degli Olivetani (vgl. CIL. X Nr. 6200: in hortis patrum
Olivetanorum), *giacea dirimpetto al cancello della mia villetta.* Übrigens nimmt Mommsen
zu der Frage, wo das Formianum Ciceros zu suchen sei, nicht Stellung.

gewesen sein. Denn auch hier sprang aus der Apsis Wasser; noch ist dahinter ein $\frac{1}{2}$ m breiter in den Felsen gehauener Kanal voll des klarsten Bergquellwassers erhalten, der in ein Becken (*piscina*) führt. Das Ganze hat den Grundrifs einer kleinen Basilika.[1]) Beim Anblick dieses Raumes, der im Sommer eine erquickende Kühle atmen mufs, fiel mir ein, wie Cicero dem Atticus in dem oben citierten Briefe (II 14, 2) schreibt: 'Eine Basilika habe ich, keine Villa, das macht der Zulauf der Formianer; aber wie klein ist doch meine Basilika für die ganze Tribus Aemilia!' Eine andere Halle zeigt am hinteren Ende ein viereckiges Bassin voll Quellwasser, vielleicht enthielt sie die Baderäume.[1])

Haben wir hier wirklich die Reste von Ciceros Formianum vor uns? Ich wage diese Frage weder zu bejahen noch zu verneinen, aber eine gewisse Wahrscheinlichkeit, dafs dieses Landhaus dem Formianum Ciceros entspreche, scheint mir doch vorzuliegen. Denn wenn auch das jetzige Mauerwerk teilweise der Kaiserzeit angehören sollte, so können doch Ergänzungsbauten stattgefunden haben. Und einen gewissen Anhalt liefert der Stein des Arrius doch! Aufserdem lassen sich auch noch andere Gründe für die alte Überlieferung und Caposeles Ansicht anführen. Cicero nennt seine Villa auch Caietanum; Caieta aber hiefs im Altertum die zu Formiae gehörige, sich nach Westen zu hinziehende ziemlich tief einschneidende Bucht, die am Felsenkap des heutigen Gaeta endigt.[2]) Die Lage der Villa Caposele westlich vor der Stadt in der Richtung nach Caieta pafst zu der Benennung Caietanum vortrefflich. Ferner liegt diese Villa auf dem höchsten und aussichtsreichsten Punkte des Geländes; auch vereinigen sich die Berichte vom Tode Ciceros (s. u. S. 29) vorzüglich mit der von uns angenommenen Lage seiner Villa.[2]) Und endlich ist es am Golfe von Formia und Gaeta eher als anderswo möglich, an den Fortbestand einer ununterbrochenen mündlichen Tradition über Ciceros Wohnstätte zu glauben. Denn der Golf von Formia und Gaeta gehört zu den wenigen

---

[1]) Ich verdanke das beigegebene Bild des Eingangs zur Villa (Taf. I Nr. 4), ebenso wie die Abbildung des Baderaumes (Taf. I Nr. 3), der Liebenswürdigkeit des jetzigen Besitzers, des Cavaliere Rubino, der diese und einige andere Teile der Villa für mich hat photographieren lassen, wofür ich ihm auch an dieser Stelle meinen herzlichsten Dank sage.

[2]) Strabo V 3 S. 369 Kr.: καὶ τὸν μεταξὺ δὲ κόλπον ἐκεῖνον Καιάταν ὠνόμασαν. Der Strand dieser Bucht war vermutlich schon im Altertum mit Ansiedelungen von Fischern und Schiffern bedeckt. Dafs aber Caieta keine selbständige Gemeinde war, zeigen die Citate Cic. ad Att. I 3, 2: *Ea* (signa) *sunt ad Caietam exposita* . . VIII 3, 6: *Navis et in Caieta est parata nobis et Brundisii*, Liv. bei Sen. Suas. VI 17 im Bericht über Ciceros Tod: *Transversis itineribus in Formianum ut ab Caieta navem conscensurus proficiscitur* . . . *regressusque ad superiorem villam, quae paullo plus mille passibus a mari abest.* Der hier gebrauchte Ausdruck *superior villa* pafst sehr gut auf die hoch über dem Meer gelegene Villa Caposele. Heute ist sie allerdings nicht mehr 1000 Schr. vom Meere entfernt, da dieses dort überall weiter ins Land vorgedrungen ist, s. o. S. 350. Dem alten Caieta entspricht nicht die heutige Stadt Gaeta, eine mittelalterliche Gründung, sondern das langgestreckte Fischerdorf Borgo di Gaeta, neuerdings auch Elena genannt (vgl. Tafel I Nr. 5).

Gegenden Italiens, wo die antike Kultur immer eine Oase fand: hier schützte
sie nach dem Abzuge der Goten der oströmische Kaiser, dann entstand auf
dem Felsenkap am Westende des Busens Caieta die gleichnamige Festung
unter selbständigen Herzögen, die den Räubereien der Sarazenen wehrten, bis
endlich der kleine Seestaat ungefähr 1135 im Königreich Neapel aufging. Das
alles zusammengenommen macht natürlich noch keinen vollgültigen Beweis
aus, dafs das Formianum Ciceros im Bereiche der heutigen Villa Caposele-
Rubino gelegen habe, wohl aber ist es wahrscheinlich, zumal kein anderer
Punkt der Umgebung Formias zugleich Ruinen eines römischen Landhauses
aufweist und zugleich in allen Stücken so der schriftlichen Überlieferung über
das Formianum entspricht. Schauen wir uns nach dieser Erkenntnis noch
einmal von der obersten Terrasse die Gegend an, so finden wir die Aussicht
auf das blaue Meer sehr lieblich, schön auch den weiten Ausblick vom Monte
Massico an über Ischia, den Vesuv, Misenum hinüber auf Gaeta, das in seiner
landschaftlichen Formation an das Kap Misenum erinnert. Aber im ganzen kann
sich doch diese Gegend nicht mit dem Paradiese des Golfs von Neapel ver-
gleichen. Denn nur die schmale Strandebene und der unterste Saum der das
Meer umgürtenden Berge hat eine anbaufähige Krume; weiter hinauf sieht
man nur öden Kalkfelsen mit einer höchstens für Ziegenweide geeigneten
Vegetation. Indessen für das, was der Landschaft abging, gab es anderweitig
Ersatz. Nach den oben citierten Briefstellen lebte Cicero mit dem Volke
dieser Küste in ganz besonders innigem Verkehr. Er wohnte hier mitten unter
dem Volke der Fischer, Schiffer und Händler, die in ihm besonders nach
seinem Konsulate den Träger einer festen Staatsordnung, den Schützer ihres
Besitzes vor der Habgier der Anarchisten wie der Soldaten verehrten. Hier
konnte er, wie in Antium (s. unten), unter den einfachen Verhältnissen seinen
gepriesenen 'Ausgleich unter den Ständen (*concordia ordinum*)' praktisch herstellen, hier machte er seine Studien über die Stimmung des Volkes während
des Triumvirates[1]); hier hörte er die Stimme der Grofskaufleute, die in den
nahen Häfen ihren Geschäften nachgingen, zur Zeit des drohenden Konflikts
zwischen Caesar und Pompejus[2]) und auch später.[3]) Die Bevölkerung von
Formiae war vermutlich besonders betriebsam und wohlanständig: sie unterscheidet sich noch heute vorteilhaft von der vieler anderer Städte im Neapoli-
tanischen; der Fremde wird hier von niemandem angebettelt und ohne Lohn
über alles unterrichtet. Nirgends, auch selbst in Arpinum nicht, hat sich an
Ciceros Persönlichkeit eine so starke Erinnerung erhalten. Nennt man seinen
Namen, so leuchten die Augen aller. Die Gasse, an deren Ende die Villa
Rubino liegt, heifst Via Tullia, die lange, am Meeresufer nach Gaeta hin-
führende Strafse durch das Dorf Borgo di Gaeta (jetzt Elena) heifst Corso

---

[1]) Ad Att. II 13: *Qui fremitus hominum! quam irati animi! quanto in odio noster amicus
Magnus, cuius cognomen una cum Crassi Divitis cognomine consenescit ...*
[2]) Ad Att. VII 5, 4.
[3]) Ad Att. XV 29, 3.

Attico; ja es hat sich sogar eine Tradition von Ciceros Tod erhalten, und ein
grofsartiges antikes Grabmal westlich von der Stadt, unweit vom Wege nach
Gaeta, nennen die Einwohner Sepolcro di Cicerone. Ich bin weit entfernt,
dieser Tradition irgendwie Glauben zu schenken; denn wir haben ja oben
S. 20 f. gesehen, dafs Ciceros Grab, wenn überhaupt eine würdige Bestattung
seiner irdischen Reste stattgefunden hat, auf dem Arpinas gesucht werden
müfste. Aufserdem aber werden auch die Reste eines Bauwerkes — zwei
Mauerpfeiler — auf dem Felsabhange über dem sogenannten Sepolcro di
Cicerone als Grab der Tullia bezeichnet, obwohl doch Cicero, wie wir aus den
Briefen an Atticus (XII und XIII) genau wissen, nie daran gedacht hat, seine
geliebte Tochter auf dem Formianum zu bestatten. Aber es spricht sich doch
in dieser Sage eine zarte Pietät gegen das Andenken des grofsen Toten aus,
die hier völlig frei ist von aller Spekulation der Fremdenführer. Denn solche
lästige Gesellen giebt es in Formiae nicht.

Das Sepolcro di Cicerone (Taf. I Nr. 6) liegt in einer Vigna, etwa 1½ km
westlich von Formiae, nur wenige Hundert Schritte vom Meeresufer entfernt.
Über Ciceros Tod aber weichen die Berichte des Seneca, Suas. VI 17, und des
Plutarch zwar in Kleinigkeiten ab, aber in folgenden Zügen scheinen sie
übereinzustimmen: Cicero erreichte auf der Flucht vor den Häschern der
Triumvirn die Bucht Caieta und liefs sich von dort in sein Formianum
bringen. Da langten die Soldaten zu Lande, also von Fundi und Itri den
Bergweg niedersteigend, vor dem Landgute an und schlugen die Thür ein.
Bei ihrer Annäherung hatten die Getreuen Ciceros ihn bewogen, sich durch
die schattigen Laubgänge des Gartens und das daran anschliefsende Gehölz
nach dem Meere tragen zu lassen, in der Richtung auf Caieta, wo, vermutlich
im innersten Winkel der Bucht, noch sein Schiff lag. Aber es fand sich ein
Verräter, und auf dem Wege dahin ereilten ihn die Mörder, die vermutlich
auf dem oberen Wege vorwärtseilten, der noch jetzt am Sepolcro vorüber hinab
zum Meere führt. Er befahl zu halten, steckte den Kopf zur Sänfte heraus
und empfing den Todesstreich.

Wer das Gelände zwischen Formia und Borgo di Gaeta gesehen und
untersucht hat, wird mir beistimmen, dafs, falls der Vorgang richtig geschildert
ist, der Ort, wo er sich zutrug, etwa an der Stelle des Sepolcro oder doch in
seiner unmittelbarsten Umgebung gesucht werden mufs. An ihm vorüber
führt noch jetzt, wie schon gesagt, ein Richtweg zur Küste hinab. Es ist
nicht unmöglich, dafs das Grabmal in späterer Zeit, als Ciceros Andenken
wieder freigegeben war, also etwa seit Claudius, errichtet wäre, um die denk-
würdige Stelle kenntlich zu machen, wo der letzte grofse Vertreter des antiken
Konstitutionalismus starb, aber mit gröfserer Wahrscheinlichkeit erkennen wir
in dem gewaltigen Monument, das auf einer mächtigen Basis einen sich oben
verjüngenden Turm mit Nischen zeigt, das Grabmal irgend eines Vornehmen
der ersten Kaiserzeit, das zufällig an der Mordstelle errichtet wurde. Jedenfalls aber ist es eine freundliche Fügung, dafs diese Stelle durch dieses
Totenmal ausgezeichnet ist und auf weitere Jahrtausende, wie es scheint,

kenntlich bleiben wird. Eine merkwürdige Ironie des Schicksals mufs es jedoch
genannt werden, dafs von der Höhe des Monte Corvo bei Gaeta der trutzige
Rolandsturm, Torre d'Orlando, auf die Stätte herunterschaut, wo Ciceros Blut
verspritzt wurde; denn dieser Turm ist laut der Inschrift das Totenmal jenes
L. Munatius Plancus, der den Cicero im Mutinensischen Kriege so schnöde verriet.

Torre d'Orlando = Grabmal des Munatius Plancus bei Gaeta
(Nach *Le cento città d'Italia* 1893)

III. DAS TUSCULANUM

'Woher ich dies und das genommen?'
Was gehts euch an, wenn es nur mein ward!
Fragt ihr, ist das Gewölb vollkommen,
Woher gebrochen jeder Stein ward?
                                                  E. Geibel

Während die meisten Landsitze Ciceros abseits der grofsen Heerstrafse
lagen, die der moderne Italienfahrer einzuschlagen pflegt, gehört ein Besuch
der Ruinen des alten Tusculum auf dem südöstlich von Frascati ansteigenden
Berge zu den fast unerläfslichen Nummern des Reiseprogramms; man geniefst
dabei eins der schönsten Landschaftsbilder, die in Roms Umgebung zu haben
sind — ich meine den überwältigenden Blick von dem auf der Stätte der
tusculanischen Akropolis errichteten Kreuze aus über die Campagna, die ewige
Stadt und das Meer — und man opfert dabei den Manen Ciceros; denn sein
Tusculanum ist die berühmteste seiner Villen, ja es gilt als der Inbegriff seiner
Villen überhaupt. Freilich, sowie man die Frage aufwirft, wo dieses Tusculanum
gelegen habe, stöfst man auf eine alte, mit reicher Litteratur ausgestattete, aber
noch immer nicht gelöste Streitfrage. Indes scheint man gegenwärtig in den
Kreisen der Archäologen darüber ziemlich einig zu sein, dafs Ciceros Tusculanum
nicht auf dem hinter der Villa Rufinella sanft ansteigenden Gelände zu suchen
sei, das zu den Trümmern der alten Stadt Tusculum emporleitet, sondern weit
rechts davon, unten in der Flur von Grottaferrata.[1]

---

[1] Die ältere Ansicht des Venetianers Zuzzeri, 'Di un' antica villa scoperta sul dorso
del Tuscolo', Venezia 1746, wiederaufgenommen von Nibby, 'Analisi della carta dei
dintorni di Roma' T. III, sucht Ciceros Tusculanum auf dem nach Frascati und Rom zu

Ich mufs leider gestehen, dafs ich nach Besichtigung des Geländes von Tusculum und dem Studium der oben angeführten Litteratur, namentlich aber unter Betonung desjenigen Materials, das uns Cicero selbst bietet, mich dieser Ansicht nicht anschliefsen kann, sondern zu der jetzt verpönten Meinung zurückkehren mufs, das Tusculanum habe auf dem von den Ruinen Tusculums nach Frascati, also nach Rom zu abfallenden Gelände gelegen.

Die herrschende Ansicht geht von zwei Stellen Ciceros aus, aus denen hervorgeht, dafs sein Grundstück im Gebiete von Tusculum durch die Aqua Crabra das Wasser erhielt[1]), und beruht auf der Annahme, die Aqua Crabra sei mit dem Bache Marrana identisch, der die Niederung von Grottaferrata durchfliefst.[2]) Aber die Identität der Aqua Crabra mit der Marrana ist keineswegs gesichert. Denn obwohl noch in einer Urkunde vom J. 1028 die Marrana als *aqua capr* . . . erscheint[3]), so ist doch damit nicht ausgemacht, dafs der Begriff Aqua Crabra im Altertum auf diesen Bach beschränkt war; er konnte ebensogut auch andere Zweige des Wasserleitungssystems der Tusculaner bezeichnen, sowie Cicero in der zweiten Stelle aqua Tusculana für aqua Crabra sagt; ein solcher Begriff und Name kann im Laufe der Zeit seinen Umfang

gekehrten Abhang von Tusculum, also oberhalb der Villa Rufinella. Dagegen wendete sich 1757 Cardoni, 'De Tusculano Ciceronis nunc Crypta ferrata adversus Zuzzeri disceptatio apologetica', und darnach Cozza-Luzi, 'Il Tusculano di Tullio Cicerone' 1866, mit der Behauptung, das Tusculanum habe auf demselben Grundstück gelegen, auf dem sich jetzt das Basilianerkloster Grottaferrata erhebt. Für die Würdigung dieser Ansicht ist es nicht unwesentlich zu wissen, dafs Cardoni Abt, Cozza-Luzi Mönch dieses Klosters gewesen ist. In ein neues Stadium trat die Streitfrage, als 1871 der berühmte Archäolog de Rossi in ruhiger Erörterung (Annali dell' Instituto XLV 207—218) die Gründe einander gegenüberstellte, die sich für einen Platz unter den Stadtmauern von Tusculum und für eine Lage des Tusculanums auf dem Territorium von Grottaferrata anführen lassen, doch so, dafs er der letzteren Annahme den Vorzug zu geben geneigt war. Ihm folgte 1879 der Franzose Maurice Albert ('Sur une villa de Tusculum', Revue archéol. XXXVIII 20—27), der auf einen zwischen der Abtei Grottaferrata und der Via Latina gelegenen Hügel (Colle delle ginestre, ungefähr 400 m über dem Meere, 70 m über der Abtei) aufmerksam machte, der eine zur Anlage einer Villa geeignete Plattform und darauf auch Ruinen von Gemächern und eine Wasserleitung aufzeigt. Überdies hat Albert den Gedanken, dafs hier Ruinen von Ciceros Tusculanum vorliegen könnten, zwar ausgesprochen, aber mangels irgend welcher Begründung nicht weiter verfolgt. Dagegen hat Lanciani (Bullettino archeol. comunale 1885 S. 192) in diesen Ruinen die Reste des Tusculanums erkennen wollen, und G. Tomassetti, gegenwärtig wohl der beste Kenner der römischen Campagna und des Albanergebirges, hat nach einer Untersuchung des Colle delle ginestre sich der Ansicht Lancianis angeschlossen und in den Vignen Antonelli und Guerrini, ganz nahe den von Albert beschriebenen Trümmern, die grofsartigen Substruktionen einer aussichtsreichen Terrasse gefunden, die er ebenfalls zum Tusculanum Ciceros zu rechnen geneigt ist (Archivio della società Rom. di storia patria 1885 S. 480). Auch hat Tomassetti die Güte gehabt, mir durch Vermittelung des Herrn Prof. Cantarelli in Rom eine italienische Generalstabskarte zu übersenden, auf der er seine Entdeckungen eingezeichnet hat.

[1]) De leg. agrar. III 9: *Ego Tusculanis pro aqua Crabra vectigal pendam, quia mancipio fundum accepi; si a Sulla mihi datus esset, Rulli lege non penderem*; Pro Balbo 45: *si uos de aqua nostra Tusculana M. Tagionem potius quam C. Aquilium consulebamus.*

[2]) de Rossi a. a. O. S. 209.

[3]) Coppi, Mem. Colonnesi S. 17: . . *in rivo qui aqua capr . . . dicitur balle marciana.*

verengern oder erweitern, ja er kann sogar wandern. Und wenn vollends von
der Marrana wegen der Niveauverhältnisse kein Wasser auf den Tusculanischen
Berg hinaufkommen konnte, so hatten die Tusculaner sicherlich von den weiter
ostwärts gelegenen Höhen Wasser in ihre Stadt und auf den nach Rom zu
darunter liegenden Abhang geleitet, so gut heutzutage z. B. die Villa Aldo-
brandini in Frascati ihr herrliches Wasser vom Monte Piore bekommt. In der
That sind auf dem nach Tusculum zu gewendeten Abhang des Mons Albanus
die Spuren einer Aqua Augusta entdeckt worden, über deren Verhältnis zur
Crabra keineswegs Klarheit besteht.[1]) Es ist also durchaus nicht ausgeschlossen,
dafs Tusculum selbst und die darunter liegenden Villen von der Aqua Crabra
bewässert wurden und dafs etwa ein Zweig dieser grofsen Leitung, der in den
heute Marrana genannten Bach mündete, diesem Bache schon im Altertum oder
auch erst im Mittelalter den Namen Crabra verschaffte. Diese oder eine ähnliche Annahme wird auch noch von anderer Seite empfohlen. Frontin berichtet,
Agrippa habe bei der Versorgung der Hauptstadt mit Wasser die Crabra nicht
angetastet, sondern diese den Villenbesitzern gelassen, da alle Villen dieses
Geländes abwechselnd tageweise nach einem bestimmten Mafse von ihr das
Wasser erhielten.[2]) Nun sagt aber Strabo ausdrücklich, dafs die meisten und
vornehmsten tusculanischen Villen auf dem nach Rom zu gekehrten sanften,
fruchtbaren und wohlbewässerten Abhang des Berges gelegen hätten[3]), also
mufs doch die Crabra in erster Linie diese und nicht die unten an der Via
Latina bei Grottaferrata gelegenen Villen mit Wasser versorgt haben. Für
meine Ansicht aber sprechen noch folgende Argumente: 1) Wer heute die Wahl
hätte, sich eine Villa zu bauen entweder an dem Abhange zwischen Tusculum
und Frascati-Camaldoli oder in der Umgebung von Grottaferrata, würde wohl
nicht einen Augenblick zweifelhaft sein, dafs er der ersteren Lage, die einen
viel umfassenderen Blick bietet und die Campagna mit der ewigen Stadt
sozusagen zu ihren Füfsen hat, den Vorzug geben würde. Der Vorbesitzer
und Erbauer des Tusculanums Ciceros war aber kein geringerer als der ver-
wöhnte Genufsmensch Cornelius Sulla. Als er sich im Gelände von Tusculum
etwa zur Zeit des Marsischen Krieges anbaute[4]), hatte er sicherlich noch die

---

[1]) de Rossi a. a. O. S. 176.

[2]) Frontinus, De aquis urbis Romae cap. 9: *Praeter caput Iuliae* (sc. *aquae*) *transfluit
aqua, quae vocatur Crabra. Hanc Agrippa omisit, seu quia improbaverat, sive quia Tusculanis possessoribus relinquendam credebat; ea namque est, quam omnes villae tractus eius per
vicem in dies modulosque certos dispensatam accipiunt.*

[3]) Strab. V 12: Ἐπὶ ταύτης δὴ τὸ Τοῦσκλον ἴδρυται, πόλις οὐ φαύλως κατεσκευασμένη·
κεκόσμηται δὲ ταῖς κύκλῳ φυτείαις καὶ οἰκοδομίαις καὶ μάλιστα ταῖς ὑποπιπτούσαις ἐπὶ
τὸ κατὰ τὴν Ῥώμην μέρος. Τὸ γὰρ Τούσκουλον ἐνταῦθά ἐστι λόφος εὔγεως καὶ
εὔυδρος, κορυφούμενος ἠρέμα πολλαχοῦ καὶ δεχόμενος βασιλείων κατασκευὰς
ἐκπρεπεστάτας. Diese ganze Beschreibung pafst einzig und allein auf die nach Frascati-
Camaldoli zu gekehrte Seite des tusculanischen Berges; die Abhänge nach Grottaferrata
zu sind steil und dürr.

[4]) Plin., Natur. historia XXII 6: *Scripsit Sulla dictator ab exercitu se quoque donatum
graminea apud Nolam legatum bello Marsico; idque etiam in villa sua Tusculana, quae fuit
postea Ciceronis, pinxit.*

Auswahl unter den Bauplätzen, und er wählte gewifs die Seite des Abhangs, die uns und auch dem Altertum (vgl. Strabo a. a. O.) als die von der Natur bevorzugte galt und gilt. 2) Cicero selbst bewies bei der Auswahl seiner Landhäuser einen scharfen Blick und machte an ihre Lage die höchsten Ansprüche[1]); war doch auch sein städtisches Haus auf dem schönsten und weihevollsten Platze von Rom, auf dem Palatinus gelegen, der späterhin gewürdigt wurde, die domus Augusti zu tragen: sollte er sich also bei der Wahl seines Suburbanums mit einer Lage zweiten Ranges begnügt haben? An Tusculum rühmt er vor allem, dafs es *loco salubri et propinquo* gelegen sei.[2]) 3) Horaz spricht von einer 'weifs schimmernden Villa auf Tusculums Höhe', ein Beweis dafür, dafs die bevorzugten tusculanischen Villen dort oben lagen, und ein Scholiast bemerkt nach dem Zeugnisse des Cruquius erläuternd dazu: *Tusculi superni, hoc est in monte siti, ad cuius latera superiora Cicero suam villam habebat Tusculanam.*[3]) 4) Das einzige Stück der Habe Ciceros, das seinen Namen trägt, ein Ziegelstein mit der Aufschrift M. TVLI in Buchstaben seiner Zeit, jetzt im Museo Kircheriano zu Rom, den auch de Rossi für einen unantastbaren Zeugen erklärt, ist oben an den Ruinen von Tusculum gefunden worden.[4]) 5) Endlich sagt Cicero selbst, um zu erklären, warum er im Dez. 50, als der Bürgerkrieg vor der Thür stand, nicht das Tusculanum aufsuche: 'Weil es den Reisenden vom Wege abliegt und auch in anderer Hinsicht schwer zu gebrauchen ist.'[5]) Worauf sollen sich denn diese Worte anders beziehen, als auf die hohe Lage der Villa, an der keine der grofsen Strafsen vorüberführte, auf der also Cicero vermutlich keine Besuche der auf den Hauptstrafsen hin- und herreisenden Persönlichkeiten erwarten konnte, an denen ihm zur Information über die innere Lage so viel gelegen war. Diese eine Stelle schon läfst Lancianis und Tomassettis Annahme, das Tusculanum habe auf dem Colle delle ginestre bei Grottaferrata, also dicht an der Via Latina gelegen, ohne weiteres als unhaltbar erscheinen und macht die ältere Annahme für mich zur Gewifsheit.

Genauer vermögen wir den Ort, wo das Tusculanum lag, zur Zeit nicht zu bestimmen. Eine moderne Tradition bezeichnet als Scuola di Cicerone die Reste von amphitheatralisch aufsteigenden Sitzbänken, die in einer Thalmulde an einem in der Richtung auf Villa Falconieri abfliefsenden Wasser gelegen sind (Taf. II Nr. 1). Die Archäologen sehen freilich in diesen Ruinen die Reste des

---

[1]) Vgl. S. 60 f.   [2]) De re publ. I 1.
[3]) Horaz, Ep. 1, 29: *Neque ut superni villa candens Tusculi*
               Circaea tangat moenia.
[4]) CIL. I Nr. 10; de Rossi a. a. O. S. 216 f. de Rossi selbst ist durch diesen Fund in seiner Ansicht, Ciceros Tusculanum habe in Grottaferrata gelegen, einigermafsen erschüttert worden (S. 217): *Tuttavia non dissimulerò, che il sito, ove è stato trovato il solo monumento tusculano genuino, a mio avviso spettante al celebre Tusculum, di che abbiamo ragionato, e la concordanza di quel sito colle parole d'un antico scoliaste, chiunque egli sia, mi scuotono alquanto e mi fanno più o meno vacillare.*
[5]) Ad Att. VII 5, 3: *Ego in Tusculanum nihil sane hoc tempore: devium est ἀπαντῶσιν et habet alia δύσχρηστα.* Vgl. Briefwechsel S. 159 u. 401.

Amphitheaters von Tusculum. Mir ist diese Auffassung bei Betrachtung der Ruinen und des Geländes recht unsicher erschienen; es könnte hier auch eine nach Art eines Amphitheaters oder Hippodroms gebaute Gartenanlage vorhanden gewesen sein; faßt man doch neuerdings auch das Stadium auf dem Palatin in Rom als eine derartige für das Spazierengehen und Disputieren geschaffene Anlage auf. Der Platz in und über dieser Mulde würde, ohne daß ich ihn direkt für Ciceros Tusculanum in Anspruch nehmen möchte, den Bedingungen sehr wohl entsprechen, die man nach Strabos Schilderung und Ciceros Andeutungen an eine so hervorragende Siedelung stellen muß. Denn hier schweift das entzückte Auge hinunter zur Campagna, hinüber zum Palatin und Kapitol, hinaus ans Meer; das Wasser ($εὔνδρος$) hat einen reichen Baum- und Pflanzenwuchs hervorgebracht, der die ehrwürdigen Ruinen zauberhaft überspinnt, und wenn man den Ort zur Zeit der Ginsterblüte, der Narcissen und Leberblumen gesehen hat, so kann man das Entzücken wohl begreifen, das Cicero über sein Tusculanum empfand.[1]) Auch die zur eigentlichen Villa gehörigen Nebenbauten, das obere Gymnasium (Lyceum) mit der Bibliothek und das untere Gymnasium (Akademie) lassen sich ohne viel Phantasie in die grüne Mulde, eins unter dem andern, hineinkomponieren.[2]) Indes, mehr als eine Möglichkeit läßt sich eben nicht aufstellen: das Tusculanum kann ebensogut westlich von dieser Stelle, nach der Villa Rufinella zu, gelegen haben.

Cicero erwarb es im J. 68, nachdem es vor ihm Catulus gehabt hatte, aus den Händen eines gewissen Vettius. Die Besitzung war ansehnlich[3]) und erregte namentlich wegen der beiden aristokratischen Vorbesitzer, Sulla und Catulus, den Neid des alteingesessenen Adels.[4]) Aber diese Mißgunst focht den Mann, der zwei Jahre zuvor einen Verres zur Verurteilung gebracht hatte, zunächst wenig an: aus seinen Briefen spricht die frische Freude über den herrlichen Besitz. Hier winkte ihm Ruhe nach allen den aufreibenden Geschäften der Stadt, hier erst auf der stillen Höhe findet er sich selbst wieder.[5]) Er schmückte sein Tusculanum herrlicher als irgend ein anderes seiner Güter: namentlich für die Gymnasien und Wandelbahnen mußte ihm Atticus marmorne und eherne

---

[1]) S. unten Anm. 6.

[2]) Tuscul. II 9: . . *post meridiem in Academiam descendimus* . . ·vgl. III 7; IV 7: *Ut enim in inferiorem ambulationem* (= gymnasium, academia) *descendimus*; De divin. I 8: *Nam cum ambulandi causa in Lyceum venissemus — id enim superiori gymnasio nomen est*; II 8: . . *in bibliotheca, quae in Lyceo est, adsedimus.*

[3]) Die räumliche Staffage des Dialogs De oratore, das Tusculanum des Crassus, ist natürlich auch als ein Abbild des Tusculanums Ciceros aufzufassen, vgl. z. B. De orat. I 28; II 20 f.: *Porticus haec ipsa, ubi nunc ambulamus et palaestra et tot locis sessiones gymnasiorum* . . .

[4]) Ad Att. IV 5, 2: *Qui villam me moleste ferunt habere, quae Catuli fuerat, a Vettio emisse non cogitant, qui domum* (sc. Palatinam) *negant oportuisse me aedificare, vendere aiunt oportuisse.*

[5]) Ad Att. I 5, 7 (Nov. 68): *Nam nos omnibus molestiis et laboribus uno illo loco conquiescimus*; 6, 2: *Nos Tusculano ita delectamur, ut nobismet ipsis tum denique, cum illo venimus, placeamus.*

Kunstwerke aus Griechenland besorgen. Dieser kauft megarische Bildsäulen und Hermen aus pentelischem Marmor mit ehernen Köpfen[1]), dann wünscht Cicero Bilder, die in die Stuckwände des Atriolums eingelassen werden könnten, und Brunneneinfassungen von kunstvoller Keramik.[2]) Endlich soll Atticus auch die von ihm erworbenen griechischen Bücher ja an keinen andern verkaufen, sondern für Cicero aufheben; dieser sammelt alle 'Weinbergsgelder' auf, um sich diesen Trost fürs Alter zu verschaffen.[3]) Gegen Ende des J. 67 sind die kostbaren Sachen auf einem Frachtschiff im Hafen von Gaeta angekommen; sie werden zunächst auf das Formianum und von da allmählich auf das Tusculanum geschafft, und im J. 65 kann Cicero mit Stolz berichten: 'Die Hermathena ist so schön aufgestellt, dafs das ganze Gymnasium nur ihretwegen dazusein scheint.'[4]) Das Tusculanum wurde zu Disputationen im Freundeskreise, die sich in Ciceros philosophischen Schriften widerspiegeln, und zu wissenschaftlichen Studien viel benutzt; langte die eigene Bibliothek nicht aus, so stieg er hinunter in die nahe Villa des Lucullus und benutzte dessen Bibliothek.[5])

Trotz des edlen Gebrauches, den Cicero von seiner Villa machte, wurde auch sie im J. 58 von den Banden des Clodius verwüstet, und zwar so gründlich, dafs man sogar die Bäume in das benachbarte Grundstück des Konsuls Gabinius hinüberschaffte.[6]) Nach der Heimkehr werden ihm 500000 Sest. zur Wiederherstellung des Tusculanums bewilligt, doppelt soviel, wie für das Formianum; aber der Schaden ist viel gröfser, und er erwägt, ob er das Grundstück entbehren kann. Indes er braucht ein Suburbanum und schreibt deshalb den Neubau aus.[7]) Von wissenschaftlichen Werken sind ganz oder teilweise auf dem Tusculanum verfafst: vor dem Bürgerkriege, im J. 55, die 3 B. 'Vom Redner'[8]), nach dem Bürgerkriege die Biographie des Cato Uticensis und der Orator.[9]) Aber um Mitte Februar 45 starb ihm auf dieser Lieblingsvilla seine geliebte Tochter Tullia.[10]) Er glaubte damals diese Räume nie wieder betreten zu können, doch nach der ersten Trauerzeit in Astura bezwang er sich und

---

1) Ad Att. I 6, 2; 8, 2; 9, 2.

2) A. a. O. 10, 3: Praeterea typos tibi mando, quos in tectoriolo atrioli possim includere et putealia sigillata duo.

3) Ad Att. I 10, 4: .. omnes meas vindemiolas eo reservo, ut illud subsidium senectuti parem.

4) Ad Att. I 3, 2; 4, 3; 1, 5: Hermathena tua valde me delectat et posita ita belle est, ut totum gymnasium eius ἀνάθημα esse videatur.

5) De fin. III 7; De div. II 8; Top. 1. Die Villa des Lucullus lag nach Lanciani (Bullett. archeol. com. 1885 a. a. O.) und Tomassetti (Archivio della Soc. Rom. di storia patria 1886 S. 63) in Frascati, unweit der Villa Falconieri; auch das pafst gut zu meiner Ansicht von der Lage des Tusculanums Ciceros.

6) Pro domo 62: In fundum autem vicini consulis non instrumentum aut ornamenta villae, sed etiam arbores transferebantur, cum ipsa villa non praedae cupiditate — quid enim erat praedae? — sed odio et crudelitate funditus everteretur.

7) Ad Att. IV 2, 7, wo ich lese: Tusculanum proscripsi (sc. reficiendum), suburbano non facile careo.

8) Ad Att. IV 13.   9) Briefwechsel S. 421.   10) A. a. O. S. 425.

3*

kehrte am 17. Mai auf das Tusculanum zurück[1]) und arbeitete an der Schrift
'Über das höchste Gut'.[2]) Vom 20.—24. Juli 45 entwirft er hier die 5 B.
'Tusculanischer Gespräche'[3]), im August das Werk 'Über die Natur der
Götter'.[4])

Die Villa blieb ihm teuer bis an sein Ende, obwohl er in den Wirren
nach Caesars Tod wenig Mufse fand. Zur Zeit der Proskriptionen im J. 43
befand er sich auf dem Tusculanum[5]), und von hier aus trat er die verhängnis-
volle Flucht auf sein Formianum an.[6]) —

Das Tusculanum war für Cicero der Ort der Rast von den politischen
stadtrömischen Geschäften und der Ort der Studien, die er zur Erholung und
Sammlung[7]) mitten in die staatsmännische und anwaltliche Thätigkeit ein-
schob, doch so, dafs er von hier aus das Forum und den Senat nie aus den
Augen verlor und sich immer bereit hielt, handelnd einzugreifen. So besteht
also zwischen seinem palatinischen Hause in Rom und dem Tusculanum ein
ähnliches Verhältnis, wie wir es unten zwischen seinem Landhause am Golfe
von Cumae — der *pusilla Roma* — und dem Pompejanum beobachten werden.

IV. DIE VILLEN AN DER LATINISCHEN KÜSTE

> Ein Mann, der Thränen streng entwöhnt,
> Mag sich ein Held erscheinen,
> Doch wenns im Innern sehnt und dröhnt,
> Geb' ihm ein Gott — zu weinen.
>
> Goethe

Selbst zu einer oberflächlichen Kenntnis von Latium gehört auch ein
Besuch seiner Küste. Die Gegend zwischen Rom und dem Albanergebirge
beginnt sich neuerdings wieder zu beleben, gewährt also nicht mehr wie noch
vor 40 Jahren das Bild vollkommener Einsamkeit; erst wenn man die Ebene
südwestlich von Rom bis ans Meer durchquert, erhält man von der Verlassen-
heit der Campagna den tiefsten Eindruck. Hat man die Station von Cecchina
hinter sich, so giebt es meilenweit kaum eine Spur menschlicher Siedlung,
dafür grasige Ebenen mit verstreuten Rinderherden, Sümpfe, Buschwerk von
Eiche, Buche und Wachholder. Näher der Küste nimmt die Bewaldung zu.
Hier und da kündet der feine, am Boden hinschleichende Rauch die Thätigkeit
der Kohlenbrenner an, die in schmutzigen Rohrhütten hausen; dann und wann
sieht man auch eine Karawane schwerbepackter Esel mühsam das Holz zu
den Meilern herbeischleppen; weiterhin drängt sich eine rote Blume von der
Gröfse unserer Aster, zur Familie der Crassulaceen gehörig, hervor, die ganze
Hänge und Flächen wie mit einem Purpurteppich überzieht; dazu kommt die
linde Luft und der Ausblick auf die blaue Flut des Tyrrhenermeeres. Wir
sind in Antium. Draufsen im offenen Wasser schaukeln sich Fischerbarken
mit lateinischem Segel, drinnen in der Bucht rauscht die Brandung leicht und

---

[1]) A. a. O. S. 427; vgl. Ad Att. XII 53 (46).   [2]) A. a. O. S. 428.   [3]) A. a. O. S. 430.
[4]) A. a. O. S. 431.   [5]) Seneca, Suas. 6, 17; Plutarch, Cic. 47.   [6]) S. oben S. 29.
[7]) De orat. I 24: *L. Crassum quasi colligendi sui causa se in Tusculanum contulisse.*

leise über den Sand, als fürchte sie alte Erinnerungen zu wecken. Der kleine Hafen südöstlich der heutigen Stadt zeigt etwa 20 gröſsere und kleinere Segler, alle mit Holzkohlen befrachtet, die nach Rom oder Neapel verschifft werden. Aus Holzkohlen besteht auch die Kette schwarzer Hügel, die wie ein Gebirge im kleinen nach Norden zu den Horizont des Hafens beherrscht. Holzkohlen und Fische begrenzen auch den geschäftlichen Horizont der modernen Antiaten. Einst war Antium eine lebhafte Handelsstadt und sah in und vor seinen Mauern zahlreiche Villen vornehmer Römer. Ihre Trümmer lassen sich weit nordwärts am Strande verfolgen. Von der hohen Düne dort bietet sich uns ein wundersamer Anblick. Zu unseren Füſsen liegen gewaltige Säulentrommeln, eine stolze Marmorsäule steht noch aufrecht. In die Düne hinein aber sind zellenartig aneinandergereihte Gemächer getrieben, wie in Ciceros Formianum; aber der Hauptteil der heiteren Römerwelt, die einst diesen Strand belebte, liegt versunken im Meer; man kann die Scheidewände der Zimmer und die Reste der Säulenhallen weit hinein ins Wasser verfolgen (Taf. II Nr. 2). Drehen wir aber diesem sonderbaren Bilde den Rücken und blicken nach O., so liegt nahe an Antium der malerische Flecken Nettuno und weiterhin zieht sich das Gestade in einem flachen Bogen nach Astura hinüber, wo die pomptinischen Sümpfe beginnen. Die Torre d'Astura, das düstere Kastell jenes Frangipani, der hier den letzten Hohenstaufen verriet, hebt sich schwermütig aus dem Wasser; dahinter im Walde schlummern die Seufzer und Thränen, die Cicero seiner frühgestorbenen Tochter Tullia weihte, und den Horizont nach S. zu begrenzt der gewaltige Felsen der Circe, die Lurlei des Tyrrhenermeeres, wo Odysseus bei der holden Zauberin rastete. In geschichtlicher Zeit lagen hier Caesars Mörder, Brutus und Cassius, vor Anker, ehe sie das Verhängnis nach Asien und Philippi führte. Diese Erinnerungen mahnen uns, am Strande von Antium die Stelle zu suchen, wo Ciceros Haus stand.

Vergebene Mühe. Das Meer überspült hier so groſse Teile der alten Volskerstadt, daſs niemand auch nur ihren Umfang mit Sicherheit bestimmen kann. Aber da treten Ciceros Briefe ergänzend ein und geben uns ein sonniges Bild der Tage, wo es ihm hier so wohl war.

Er befaſs zunächst nicht etwa eine Villa bei Antium, sondern ein Haus darin.[1]) Da aber Antium im Vergleiche mit Rom eine behagliche Kleinstadt war, so leistete ihm das Haus daselbst allerdings dieselben Dienste wie eine Villa am 'lateinischen Ufer'.

Die erste Erwähnung einer Villeggiatur in Antium fällt ins J. 60; damals, am 1. Juli, entwich er an die latinische Küste, um den Gladiatorenspielen eines Metellus aus dem Wege zu gehen.[2]) Vielleicht war er auch im Dezember dieses Jahres dort[3]), sicher im April des folgenden, 59. Damals schrieb er

---

[1]) Der Irrtum Drumanns (VI 391), Cicero habe auſser dem Hause in Antium noch eine Villa bei der Stadt besessen, ist schon von Brückner S. 839 zurückgewiesen worden. Die Worte ex Antiati (Ad Att. II 12, 2) beziehen sich auf das Stadtgebiet.

[2]) Ad Att. II 1, 1.

[3]) Ad Att. II 2 u. 3; vgl. Sternkopf, Elberfelder Progr. S. 22.

hier die Briefe Ad Att. II 4—9.[1]) Besonders der 6. Brief strahlt das unend-
liche Behagen wieder, mit dem ihn aufser der Lieblichkeit des Orts das Be-
wufstsein erfüllte, der unerquicklichen Politik im Konsulatsjahr Caesars ent-
ronnen zu sein: 'Ich habe das Nichtsthun so lieb gewonnen, dafs ich mich
gar nicht davon losreifsen kann. Deshalb lese ich in Antium entweder in
meinen Büchern, deren ich in Antium eine festliche (festivam) Menge um
mich habe, oder ich zähle die Wellen; denn das Wetter ist zu stürmisch, um
Makrelen zu fangen, und zum Schriftstellern habe ich keine Lust. Denn das
geographische Werk, das ich mir vorgenommen habe, ist mir zu schwierig . .
aber die Hauptsache bleibt doch, dafs mir auch der geringste Vorwand genügt,
um nichts zu thun: denke ich doch daran, ob man nicht überhaupt hier in
Antium wohnen bleiben und das ganze Leben hier verbringen könnte. Ich
wenigstens möchte hier lieber Duumvir gewesen sein, als in Rom Konsul. Du
hast weiser gehandelt, dafs Du Dir nicht in Rom, sondern in Buthrotum ein
Haus gekauft hast, aber glaube mir, Antium kommt Deinem Buthrotum fast
gleich. Welch eine Wonne, dafs es so nahe bei Rom einen Ort giebt mit
Leuten, die den Vatinius noch nicht gesehen haben, wo aufser mir niemand
den «Zwanzigmännern» [der Ackerverteilungskommission] Leben und Wohl-
fahrt gönnt, wo niemand mich mit seinem Besuche belästigt, alle mich lieb
haben. Hier, hier möchte ich Staatsmann sein, denn in Rom ist mir's, ab-
gesehen davon, dafs ich's nicht mehr sein darf, zum Ekel geworden.' Ciceros
Glück wurde erhöht durch die Anwesenseit seiner damals noch geliebten
Terentia[2]) und seiner Kinder.[3]) Aber es ist doch, als ob Cicero damals schon
das Unheil geahnt hätte, das im folgenden Jahre (58) durch Clodius über sein
kostbares Haus auf dem Palatin und über die schönen Landhäuser bei Formiae
und Tusculum hereinbrechen sollte. Nach dieser Katastrophe und der Verbannung war Cicero im März 56[4]) wieder in Antium; das antiatische Haus
war, während das palatinische und tusculanische wieder aufgebaut wurden, vielfach sein Asyl. Hierher waren die Trümmer seiner Bibliothek gebracht worden,
hier ist er mit ihrer Wiederherstellung beschäftigt. Er ist erfreut, dafs die
Reste bedeutender sind, als er geglaubt hatte; Tyrannio hilft ihm bei der
Ordnung; aber Atticus soll ihm aufserdem zwei Schreiber mit dem nötigen
Pergament senden, um Buchtitel (indices, σίλλυβοι) daraus zu schneiden. Auch
der Freund selbst soll kommen und seine junge Gattin Pilia mitbringen, das
wünscht auch Tullia.[4])

Auch im Mai 56 ist Cicero in Antium.[5]) Seine Begeisterung dafür hat
auch den Atticus ergriffen: er wünscht sich gleichfalls dort anzukaufen, am

[1]) Sternkopf, Fleckeisens Jahrb. 1892 S. 715.
[2]) Ad Att. II 7, 5; 9, 4; vgl. Cicero u. Terentia in diesen Jahrb. 1898 I 178.
[3]) Ad Att. a. a. O. und II 8, 2.
[4]) Ad Att. IV 4ᵇ u. 5; vgl. Körner, De epist. S. 15 f. Doch möchte ich diese beiden
Briefe zeitlich etwas näher an Ad Q. II 4 rücken wegen der Bemerkungen über Crassipes.
[5]) Ad Att. IV 6—8ᵃ. Ende März war Cicero wieder in Rom, dann im April auf dem
Tusculanum, dem Arpinas, dem Pompejanum und dem neugekauften Cumanum (Ad Q. II 4

liebsten vor der Stadt. Jedoch da ist keine Villa zu verkaufen, wohl aber ist ein Haus in der Stadt, ganz nahe dem Hause Ciceros, vielleicht zu haben. Und Cicero rät sehr zum Ankaufe: Antium verhält sich zu Rom wie Buthrotum zu Corcyra, es giebt nichts Ruhigeres, nichts Kühleres, nichts Lieblicheres; dies Haus ist seine ganze Liebe. Und auch der Geist fehlt darin nicht, seitdem Tyrannio unter dem Beistande des Dionysius und Menephilus die Bibliothek geordnet, gebunden und mit herrlichen Titeln verziert hat.[1])

Aus dem Mai 55 besitzen wir ein Billet, durch das Cicero den Freund von Antium aus einlädt, am 2. Juni bei ihm in Rom zu speisen. Es schliefst überaus innig: 'Dich grüfst mein ganzes Haus.'[2]) Mit diesem herzlichen Grufse an den Freund verschwindet aber auch das heitere Haus von Antium unserem Gesichtskreise, um einem einsameren, fast düsteren Wohnsitze Platz zu machen.

Aus einer beiläufigen Notiz in einem Briefe vom 30. Juli 45[3]) erfahren wir, dafs Cicero das Haus in Antium an Lepidus verkauft hat. Warum? Ich glaube nicht irre zu gehen, wenn ich diesen Verkauf mit dem um Mitte Februar 45 erfolgten Tode seiner geliebten Tochter Tullia[4]) in Verbindung bringe. Cicero verlebte die ersten Wochen nach diesem niederschmetternden Schlage im Hause seines Freundes Atticus in Rom. Aber am 6. März reist er über Lanuvium zwar an die latinische Küste, jedoch nicht nach Antium. Das heitere Haus daselbst war ihm verleidet, darum hatte er 2 St. davon ostwärts eine einsame Villa gekauft, um mit seinem Schmerze allein zu sein. Sie lag wohl auf der sogenannten Insel Astura, d. h. dem Delta, das der in mehreren Armen zum Meere schleichende Asturaflufs mit diesem bildet.[5]) Cicero kannte den Ort sehr wohl: er hatte ihn von Antium aus täglich vor Augen gehabt[6]) da, wo jetzt der düstere 'Turm von Astura' steht. Er kannte auch den einsamen Urwald, der den Lauf des Flusses begleitet und das Gelände der Villa rings umgiebt; in seinen Sümpfen hauste damals wie heute der träge Büffel, seine knorrigen Eichen umwand damals wie heute der immergrüne Epheu, 'und tausend grüne Äste, Zweige und tanzende Ranken läfst er beschaulich niederhängen und windet und knüpft ihre Schlingen durch alles

---

5 5ª; vgl. S. 43). Unterdes scheint aber sein Bruder Quintus, der dann im Mai wieder auf Sardinien weilte (Ad Q. II 6), einige Tage in dem Hause in Antium verbracht zu haben; vgl. Ad Q. II 8, 1: *Tu metuis, ne me interpelles? Primum, si in isto* (Antii) *essem, tu scis, quid sit interpellare. Antiates mehercule mihi docere videris istius generis humanitatem, qua quidem ego nihil utor abs te.* Siehe S. 44 Anm. 4.

[1]) Ad Att. IV 8ª, Körner a. a. O. S. 21.

[2]) Ad Att. IV 12; vgl. Körner a. a. O. S. 32.

[3]) Ad Att. XIII 51 (47ᵇ). Der Briefwechsel S. 431 u. 547.

[4]) A. a. O. S. 425.

[5]) Eine selbständige Gemeinde Astura hat es im Altertum nie gegeben. Strab. V 3, 6 erwähnt nur den Flufs Στόρας und einen an der Mündung gelegenen Ankerplatz (ὕφορμος). Anderseits aber behandelt Cicero das Wort Astura wie einen Städtenamen; vgl. Ad Att. XII 47 (40), 3; Ep. VI 19, 2 u. s. w. Daraus ist wohl zu schliefsen, dafs Astura als eine Insel angesehen wurde.

[6]) Ad Att. XII 24 (19), 1: *Est hic quidem locus amoenus et in mari ipso, qui et Antio et Circeis aspici possit* ...

knorrige und laubige Eichengeäst fort bis zum sonnigen Wipfel, den der
Flügelschlag wilder Waldvögel umwittert' (vgl. das Bild S. 41).[1])
Es hatte aber vor ihm auch ein anderer Einsiedler dort den Frühling zugebracht, obwohl er die schönste Villa in Bajae besafs: Hortensius.[2]) Sein
Beispiel und vor allem die eigentümliche Beschaffenheit des Ortes war mafs-
gebend, als Cicero sich gerade Astura für seine Trauerzeit erwählte. 'Die Einsamkeit hier regt mich weniger auf, als der fortwährende Besuch in Rom.'[3])
'Einsamkeit und Zurückgezogenheit ist mein Bereich (*provincia*).'[4]) 'Ich ent-
behre hier jeder Zwiesprache, und wenn ich mich des Morgens in das Dickicht
des wilden Waldes verborgen habe, so komme ich bis zum Abend nicht wieder
hervor.'[5]) Der Trauernde kam sich vor wie ein verwundetes Tier, das im
Walde Schutz sucht. Seine Empfindung streifte wohl an Lenaus 'Einsamkeit':

> Wildverwachsne, dunkle Fichten,
> Leise klagt die Quelle fort;
> Herz, das ist der rechte Ort
> Für dein schmerzliches Verzichten!

Ende März verläfst er Astura für die Dauer eines Monats, um an Atticus'
Herzen Trost zu suchen, aber am 2. Mai 45 ist er wieder da. Der Gedanke,
seiner Entschlafenen in Form eines Tempels ein Denkmal zu setzen und da-
durch ihre Apotheose anzudeuten, beschäftigt ihn lebhaft. Aber er lebt
keineswegs der Trauer allein, sondern er sucht sie durch philosophische
Schriftstellerei zu bannen. Der Plan dazu ist in der Einsamkeit von Astura
ersonnen worden, und aller Segen, der durch die edle Menschlichkeit der
philosophischen Schriften Ciceros in die Welt gekommen ist, hat vom
stillen Gestade von Astura seinen Ausgang genommen. Hier verfafste er
das uns verlorene Buch 'De luctu minuendo'[6]), hier begann er etwa Mitte
März den 'Hortensius'[7]) niederzuschreiben, den Grund- und Eckstein seiner
Lebensweisheit, ein Buch von gewaltiger Wirkung[8]), das zugleich das er-
habenste Denkmal für den Mann bildet, der vor ihm die Einsamkeit Asturas
schätzte. Hier beendete er am 13. Mai 45 die Niederschrift der 'Academica'

---

[1]) Vgl. die klassische Schilderung dieser Gegend bei Gregorovius, Wanderjahre I 163 f.
[2]) Ad Att. XII 47 (40), 3: *Ibi sum igitur, ubi is, qui optimas Baias habebat, quotannis
hoc tempus consumere solebat.* Boot verzichtete bei der Interpretation dieser Stelle darauf,
einen Namen zu nennen. Von anderer Seite ist Lucullus genannt worden. Aber diese
Worte beziehen sich offenbar auf den im J. 50 verstorbenen Hortensius (Briefwechsel S. 91),
den Besitzer der von Cicero geschätzten Villa in Bauli bei Bajae (Acad. II 9), die Cicero
einmal zu kaufen beabsichtigte; vgl. Ad Att. VII 3, 9. Ein wichtiger innerer Beweis ist
in der Benennung der in Astura verfafsten Schrift 'Hortensius' zu suchen, s. u.
[3]) Ad Att. XII 17 (13), 1; vgl. 28 (23), 1: *Solitudinem sequor*.
[4]) Ad Att. XII 31 (26), 2: *Mihi solitudo et recessus provincia est*.
[5]) A. a. O. 19 (15): *In hac solitudine careo omnium colloquio, cumque mane me in silvam
abstrusi densam et asperam, non exeo inde ante vesperum.*
[6]) Der Briefwechsel S. 425.   [7]) A a. O. S. 426.
[8]) A. a. O. S. 53 f.

erster Fassung[1]), hier entwarf er einen Brief an Caesar über die Neuordnung des Staates.[2])

Am 25. Juli 45 nimmt er abermals zu Astura Aufenthalt, um noch einmal den Wald und die ländliche Stille zu geniefsen, ehe ihn Caesars Rückkehr aus Spanien von neuem in den Strudel der Geschäfte stürzt. 'Nichts ist liebenswerter als diese Einsamkeit, obwohl sie der Sohn des Amyntas (Philippus) ein wenig durch seine endlose Geschwätzigkeit gestört hat. Es kann nichts Liebens-

Landschaft aus den italienischen Maremmen mit Büffeln

werteres geben, als die Villa hier, das Gestade, die Aussicht über das Meer, die ganze Umgebung. Aber das ist kein würdiger Gegenstand für einen längeren Brief . . .'[3])

Auch im Juni 44, als nach Caesars Ermordung die politischen Sorgen wieder über die Philosophie die Oberhand gewonnen haben, finden wir Cicero noch einmal in Astura, und zwar im Verkehr mit Cassius und Brutus, mit denen er im nahen Antium konferiert[4]), deren Flotte auch vor Antium, später

---

[1]) A. a. O. S. 426.   [2]) A. a. O.

[3]) Ad Att. XII 13 (9): *Cetera noli putare amabiliora fieri posse villa* (Corradus), *litore prospectu maris, tum his rebus omnibus; sed neque haec digna longioribus litteris* . . . Die letzten Worte sind charakteristisch für das Humanitätsideal Ciceros: die Thätigkeit für den Staat oder doch wenigstens für die Geistesbildung bleibt immer die Hauptsache, der Genufs der Natur nur etwas zeit- und bedingungsweise Erlaubtes. Darum spricht Schneidewin mit Beziehung auf Cicero im Vergleich zu Horaz und Tibull von einem 'heroischen Zeitalter der Humanität'.

[4]) Ad Att. XV 11.

vor Circeji vor Anker liegt.[1]) Aber weil die Stimmung, die einst zur Erwerbung der Villa am Astura geführt hat, das Bedürfnis nach Einsamkeit,
verflogen ist und einem neuen Drange zu politischer Thätigkeit Platz gemacht
hat, so hat der Ort seinen Zauber für Cicero verloren: er ist so schön und
einsam wie zuvor, herrlich für einen, der etwas schreiben will, aber ihn zieht's
nach dem Tusculanum zurück, von wo er gekommen ist; 'die Kleinmalerei
des Bachufers bekommt man schnell satt, ich fürchte auch eine Regenperiode,
denn die Frösche halten Redeübungen'.[2])

Ciceros Verhältnis zu seinem Hause in Astura ist ein unwiderleglicher Beweis
dafür, dafs die Humanen in Ciceros Zeitalter bei der Wahl des Aufenthalts-
ortes nicht nur die Jahreszeiten berücksichtigten[3]), sondern sogar eine gewisse
Harmonie zwischen der Seelenstimmung und der landschaftlichen Umgebung
erstrebten.

V. DAS CUMANUM

Aus Bajas blauer Meeresbucht
Rauscht Nixengrufs mir leis entgegen:
Hier könnt' ich ewig unversucht
Zu langer Rast mich niederlegen,
Nichts fordert That: ohn' Zeit und Raum
Das Denken stirbt im Wellenschaum.

Die Gestade am Lucrinersee und von da südwärts bis zum Kap Misenum
und ostwärts bis zur steilen Felswand des Posilipp sind nicht durch einen
Zufall für lange Zeit das Gehäuse der eleganten Welt Roms, das antike Trou-
ville, Ostende, Blankenberghe geworden. Kein anderer Teil des weitgespannten
Golfs von Neapel zeigt eine so sinnberückende Durchdringung des Landes mit
dem Wasser, wie der Meerbusen von Pozzuoli, und welch· eines Wassers mit
welch einem Lande! Überschaut man das Ganze von der Höhe des Posilipp
oder vom Kap Misenum, so steht man wie geblendet von dem mit fast tropischer
Pflanzenfülle überkleideten, bald kühn aufstrebenden, bald in sanften Linien ver-
laufenden, coulissenartig vor- und zurücktretenden Erdreich, zwischen dem überall
an- und eindringend hier blau, dort violett, dort smaragdgrün schimmernde
Meeresflächen erglänzen. Hier wird es offenbar, wie ganz anders noch das menschliche Auge zeichnet als der sorgfältigste und beste Kartograph. Die Formen
scheinen dem Auge in Wirklichkeit viel charakteristischer, viel ausgebildeter
zu sein, als ihre Ebenbilder auf der Landkarte: die Busen tiefer ins Land ein-
geschnitten, die Landzungen weiter ins Meer hinausgeführt.

---

[1]) A. a. O. XV 17, 1, wo für *a Siregio* zu lesen ist *a Circeio*; vgl. O. E. Schmidt, Rhein.
Mus. 1898 S. 237.

[2]) Ad Att. XV 16ᵃ: *Narro tibi: haec loca venusta sunt, abdita certe et si quid scribere
velis, ab arbitris libera. Sed nescio quomodo οἶκος φίλος: itaque me referunt pedes in Tusculanum, et tamen haec ῥωπογραφία ripulae videtur habitura celerem satietatem. Equidem
etiam plurias metuo, si prognostica nostra vera sunt: ranae enim ῥητορεύουσιν* . . . Dieses
Briefchen verlegte ich früher nach Schiches Vorgang auf das Arpinas (Fleck. Jahrb. 1884
S 344 f.). Aber es ist doch wohl, wie schon Ruete annahm, in Astura geschrieben.

[3]) Ad Att. XII 47 (40), 3: *Cur non sim in iis meis praediolis, quae sunt huius temporis* . . .

Die Bucht von Bajae z. B. macht an Ort und Stelle gesehen den Eindruck, als bilde die Küstenlinie fast einen geschlossenen Kreis, als umsäume sie eine Welt für sich. Kein Gipfel ragt aus der umgebenden, sanftgeschwungenen Höhenlinie hervor, die Menschen zu hohen Zielen rufend, wie etwa die Felshäupter des Liristhales; Kapitol und Kurie erscheinen hier so fern, so fern, alles drängt zum dolce far niente. Und zumal wenn die Sonne zur Rüste geht, wenn die Nachtigallen anheben und uns die sanfte Welle buhlerisch den Fufs netzt, dann versteht man hier noch mitten unter den traurigen Ruinen die alte Sage von der Zauberin Circe so gut als das moderne Lied 'Am Meere' und Goethes Sang vom Fischerknaben.

Wann Cicero sich in diesem Gelände ein Heim gründete, wissen wir zwar nicht genau, doch läfst es sich ungefähr berechnen. Es findet sich keine Erwähnung einer Besitzung am Busen von Puteoli in den vor der Verbannung geschriebenen Briefen. Wohl aber berichtet Cicero am 9. April 56 an seinen Bruder Quintus[1]), er wolle auf der Rückreise von seinem Pompejanum in der zweiten Hälfte des April[2]) das (angekaufte) Cumanum ansehen. Demnach fällt der Ankauf des Cumanum in den Winter 57/56 oder ins Frühjahr 56[3]), also in eine Zeit, wo das Tusculanum und Formianum noch verwüstet darnieder lagen und auch das stadtrömische Haus auf dem Palatin keinen erquickenden Aufenthalt gewährte (S. 38; 45 Anm. 1). Das Stadtgebiet von Kyme erstreckte sich keineswegs nur an dem verhältnismäfsig reizlosen Strande hin, der nach W. zu gleich unterhalb der Stadtmauer und der Akropolis liegt, sondern reichte ostwärts bis an das Wasser des Golfs, ja bis an die Stadtgrenze von Puteoli; trug doch der ganze Golf von Neapel im Altertum den Namen sinus Cumanus. Demnach gehörte nicht nur der Averner-, sondern auch der Lucrinersee im Altertum zu Kyme.[4]) Ciceros Cumanum mufs im Osten dieses Gebietes gelegen haben, so dafs Rufus von seinem Puteolanum aus einen kürzeren Weg zu Ciceros Villa zurückzulegen hatte, als Hortensius[5]), der seine Villa südlich vom Lucrinersee in Bauli besafs, was zum Gebiete von Bajae gerechnet wurde.[6])

Genauer wird die Lage des Cumanum durch die Angabe bestimmt, dafs es am Lucrinersee[7]) und zugleich an der vom Avernersee nach Puteoli führen-

---

1) Ad Q. fr. II 5ᵃ; vgl. O. E. Schmidt, Wochenschr. für klass. Phil. 1885 S. 164.

2) S. u. S. 44 Anm. 4.

3) Der Bankier Vestorius in Puteoli, mit dem Cicero eng befreundet war und dessen Rat er in Bauangelegenheiten gern einholte (Ad Att. XIV 9, 1), machte den Vermittler und scheint auch die Ankaufssumme vorgestreckt zu haben, doch so, dafs Atticus eine gewisse Bürgschaft übernahm. Vgl. Ad Att. IV 6, 4 (geschrieben auf dem Arpinas am 14. April 56; vgl. O. E. Schmidt, Wochenschr. f. kl. Phil. 1884 S. 1612): *Vestorio aliquid significes; valde enim est in me liberalis.* Vgl. Ad Att. VI 8, 5 (vom 1. Okt. 50): *De raudusculo Puteolano gratum,* womit vermutlich die durch Atticus bewirkte Rückzahlung an Vestorius gemeint ist.

4) Vgl. Beloch, Campanien S. 145 f. und Atlas von Campanien, Pl. I.   5) Ad Att. V 2, 2.

6) Vgl. z. B. Suet., Nero 31, wo die Gegend vom Kap Misenum bis zum Averner See mit *totis Baiis* bezeichnet wird.

7) Ad Att. XIV 16, 1: . . *cum Piliae nostrae villam ad Lucrinum, vilicos, procuratores tradidissem* . .; vgl. Ad Q. fr. II 12, 1; Acad. Fragm. (Orelli-Baiter) S. 71, 13: *et ut nos nunc sedemus ad Lucrinum* . . .

den Strafse gelegen habe[1]), also ebenda, wo diese Strafse das Ostufer des Sees
erreichte. Dieser Punkt ist heute nicht mehr erkennbar, weil gerade hier
Wasser und Land durch den vulkanischen Ausbruch von 1538, der den Monte
Nuovo erzeugte, die stärksten Veränderungen erlitten hat.[2]) Der Lucrinersee
ist seitdem zu einem sehr kleinen Wasserspiegel zusammengeschrumpft, an
dessen östlichem Ende ein einsames Fischerhaus liegt, und ein Landstreifen,
breit genug für Strafse und Bahn, hat sich zwischen den Golf und den jetzigen
Binnensee geschoben; aber noch immer beweist der letztere seinen maritimen
Ursprung durch sein Salzwasser und seine Austern. Im Altertum zog sich
der Lucrinersee als eine ziemlich grofse Einbuchtung, die nur durch den oft
überfluteten künstlichen Damm der alten Via Herculea vom freien Golf ge-
schieden war, viel weiter ostwärts: er umfafste wohl noch ein Stück Unter-
grund des heutigen Monte Nuovo, demnach brauchte die Strafse vom Avernersee
nach Puteoli nicht wie heute einen Bogen zu machen, sondern führte nahe am
Ostufer des Lucrinus vorbei gerade südöstlich auf die Via Herculea. So liegen
denn die Trümmer von Ciceros Cumanum unter der Asche des östlichen Abhangs des Monte Nuovo verborgen.[3])

Cicero baute die Villa am Lucrinersee im Frühlinge 56 aus und lud schon
während der Bauzeit den auf einige Wochen aus Olbia auf Sardinien herüber-
gekommenen Bruder und seinen geistvollen Freund Marius zu sich ein.[4]) 'Gern

---

[1]) Plin., Hist. nat. XXXI 7: *Digna memoratu villa est ab Averno lacu Puteolos tendentibus
imposita litore* (sc. Lucrini lacus), *celebrata porticu ac nemore, quam vocabat Cicero Academiam
ab exemplo Athenarum, ibi compositis voluminibus eiusdem nominis.* Ohne Zweifel ist hier
das Cumanum gemeint; denn die letzten Worte beziehen sich auf den Anfang von Acad. I
(ad M. Terentium Varronem): *In Cumano nuper cum mecum Atticus noster esset, nuntiatum
est nobis a M. Varrone venisse eum Roma pridie vesperi* . . und auf das Widmungsschreiben
an Varro (Ep. IX 81): *Feci igitur sermonem inter nos habitum in Cumano* . . . Überdies
war diese Unterhaltung, wie die folgenden Worte lehren, eine reine Fiktion; auch sind
die Academica gar nicht auf dem Cumanum, sondern teils in Astura, teils auf dem Arpinas,
entstanden; vgl. S. 40 u. 20.

[2]) Beloch, Campanien S. 174; Nissen, Italische Landeskunde I 267 f.

[3]) In diesem Ergebnis stimme ich ganz mit Beloch, Campanien S. 175 überein.

[4]) Ad Q. II 8. Der überaus anmutige, für die Humanität zwischen Blutsverwandten
und Freunden charakteristische Brief wird in der Regel ins Jahr 55 angesetzt (vgl. Körner
S. 31). Ich meine, er gehört in den April 56. Cicero wollte in diesem Jahre nach dem am
9. April 56 geschriebenen Briefe Ad Q. II 5ᵃ die Tage vom 11.—16. April auf dem Arpinas
zubringen, dann aufs Pompejanum gehen, rückwärts den Bau des Cumanum besichtigen
und am 6. Mai wieder in Rom sein (vgl. O. E. Schmidt, Wochenschr. f. kl. Phil. 1885 S. 1612).
Um die Zeit des 9. April wurde Quintus von Sardinien zurückerwartet (s. den Schlufs von
Ad Q. II 5ᵃ), Mitte Mai war er bereits wieder in Olbia angekommen, Ad Q. II 6, 1. In der
Zwischenzeit, also etwa vom 15. April bis Anfang Mai, kann er sehr wohl seine Bauten in
Rom besichtigt, nach Antium gereist und dann auch noch einige Tage mit Cicero auf dem
Cumanum verlebt haben. Jedenfalls können sich die Stellen über den Bau der Villa in
Ad Q. II 8, 2 u. 3 nur auf das Cumanum beziehen, da das Pompejanum längst fertig (s. u.),
das Puteolanum noch nicht gekauft war (s. S. 50). Dafs eine Villa am Golf von Neapel
gemeint ist, folgt aus der Erwähnung des Marius als Nachbarn; dieser hatte seine Villa bei
Pompeji (s. u. S. 55 f.). Der Ausbau des Cumanum kann aber auch nicht erst im Frühjahr

hätte ich auch den Marius in seiner Sänfte hergeschafft, um mein Ohr wieder
einmal an dem feinen Stadtrömischen der alten guten Zeit und an wahrhaft
humaner Unterhaltung zu erquicken, aber ich wollte den kränklichen Mann
nicht in die noch offene und nicht einmal im Gröbsten fertiggestellte Villa ein-
laden. Anderseits aber kommt es mir gerade ganz besonders darauf an, auch ihn
hier zu geniefsen. Denn bei diesen Landgütern [am Golf von Neapel] ist es
mir die schönste Aussicht, den Marius in der Nähe zu haben. Ich werde deshalb zusehen, dafs ihm bei Anicius Quartier gerüstet wird. Du und ich, wir
sind so dauerhafte Gelehrte, dafs wir auch mit Maurern und Zimmerleuten
hausen können. Diese Philosophie haben wir nicht vom Hymettus, sondern vom
Bauplatz des Cyrus.[1]) Aber Marius ist schwächer an Gesundheit und Nerven.'
Die Villa war nach dem Umbau sicherlich eine bedeutende Anlage. Denn
Cicero bemerkt am Schlufs des citierten Briefes: 'Es ist ein Garten im Hause',
und Plinius berichtet, dafs sie einen schönen Porticus [vermutlich ist mit diesem
Ausdruck die ambulatio gemeint] und einen kunstvollen Park (nemus) gehabt
habe. Als Caesar im Dez. 45 hier einkehrte, gab es aufser dem Speisezimmer
für ihn und den Hausherrn drei Triklinien für das bessere und viele Gemächer
für das niedere Gefolge (s. u. S. 46). Es war auch ein grofses Personal zur
Verwaltung der Villa vorhanden; denn Cicero unterscheidet ausdrücklich vilici
und procuratores.[2]) Das innere Verhältnis, in dem Cicero zu seinem Cumanum
stand, ergiebt sich aus dem Gebrauche, den er davon machte, und aus seinen
Äufserungen darüber. Er hat das Cumanum, trotzdem es in paradiesischer
Gegend lag und wohl auch für einen teuern Preis erworben wurde, nicht allzu
viel benutzt.[3]) Nach der Fertigstellung im J. 56 (s. o.) weilte er dort im April 55,
doch hatte er damals noch keine Bibliothek auf dem Cumanum, sondern benutzte die des Faustus Sulla.[4]) Dann ist er im Mai 54 da[5]), ebenso einige
Wochen im April 53 und 52.[6]) Im J. 51 weilte er nur zwei Tage in der Villa
auf der Durchreise nach Cilicien und empfing damals den letzten Besuch des

---

55 stattgefunden haben, weil Cicero im April dieses Jahres dort bereits den Besuch des
Pompejus empfängt. Vgl. Ad Att. IV 9, 1.

[1]) Der Mediceus überliefert *non ab Hymetto, sed ab † araysira, al araxita.* Es gehört
zu den vielen Unbegreiflichkeiten der C. F. W. Müllerschen Ausgabe, dafs sie uns mit dieser
sinnlosen Lesart abspeist und auch in der Adnotatio critica nichts weiter bietet, obwohl
doch eine treffliche Konjektur von Ernesti vorliegt: *area Cyri,* wofür vielleicht *area Κύρου*
zu schreiben ist. Cicero will sagen, dafs er und Quintus beim Neubau ihres Hauses in
Rom, 'auf dem Bauplatze des Cyrus' sich die Nerven abgehärtet haben. Der Baumeister
beider hiefs Cyrus, vgl. Ad Q. II 2, 2; 4, 2; Ad Att. II 3, 2, wo der Name in der Form
Κύρου vorkommt, IV 10, 2.

[2]) Ad Att. XIV 16, 1.

[3]) Mit Unrecht behauptet Beloch, Campanien S. 174: 'Cicero liebte seine Akademie
mehr als irgend einen seiner Landsitze'; denn Ciceros Lieblingsbesitzung war in älterer
Zeit sein Arpinas (s. o.) und später das Tusculanum (S. 34 f.)

[4]) Ad Att. IV 10, 1.   [5]) Ad Att. IV 14, 1; Ad Q. II 12, 8.

[6]) Für 53 vgl. Ep. XVI 10 und Körner in Mendelssohns Ausgabe der Ep. S. 450; für 52
ist wohl ein Analogieschlufs erlaubt.

Hortensius (s. S. 40).[1]) Darnach ist erst im Dez. 50 ein höchstens zweitägiger Aufenthalt nachzuweisen, während dessen er die Caesarianer Caelius empfing.[2]) Länger blieb er im J. 49, nämlich vom 13. April bis 20. Mai, doch wagte er nicht, sich vom Cumanum aus nach Osten einzuschiffen, sondern begab sich zu diesem Zwecke auf das Formianum.[3]) Darnach bleibt er länger als 3 Jahre dem Lucrinersee fern, nur im Nov. 46 kommt er auf wenige Tage.[4]) In dem Unglückssommer 45 nach Tullias Tod meidet er den Golf von Puteoli grundsätzlich und trauert in der Einsamkeit von Astura[5]); dagegen verwendet er die schöne Besitzung, um seinem Freunde Atticus eine Freude zu machen, indem er dessen Gattin Pilia und die Tochter Caecilia Attica dort einlogiert.[6])

In diesem Jahre finden wir ihn erst im Dezember zur Zeit der Saturnalien auf dem Cumanum; hier wird ihm der Besuch Caesars zu teil, aber mit einem so grofsen Gefolge von Freigelassenen und Soldaten (2000 Mann), dafs die Räume der Villa nicht ausreichen. Im Festsaal des Hauses speist Caesar selbst mit dem Hausherrn und einigen Freunden, in drei Triklinien das Gefolge im engeren Sinne, in anderen Räumen die weniger angesehenen Freigelassenen und die Sklaven; für die Soldaten aber hat man auf den benachbarten Äckern ein Lager aufgeschlagen. Das Ganze gleicht mehr einer Einquartierung als einem Besuche.[7]) Auch im J. 44 räumte Cicero das Cumanum, nachdem er nur vom 18. April bis 1. Mai dort gehaust[8]) und dabei die Bekanntschaft Octavians gemacht hatte[9]), der Pilia, der Gattin des Atticus, ein.[10]) Am 18. Mai besuchte er sie nordwärts reisend auf dem Cumanum[11]), ein späterer Aufenthalt daselbst ist aber nicht nachweisbar. —

Cicero hat vermutlich nicht ohne Bedenken im J. 56 die Villa am Lucrinersee erworben. Denn diese Gegend war bei aller Schönheit auch in gewissem Sinne verrufen, und zwar nicht nur wegen der starken Verlockung zum Genufs der

---

[1]) Der Briefwechsel S. 395.   [2]) A. a. O. S. 401.
[3]) A. a. O. S. 413 f.   [4]) Briefwechsel S. 423.   [5]) S. S. 39 f.
[6]) Ad Att. XII 42 (37, 1—3), 1; 47 (40), 5; 55 (47, 3—48); 52 (45, 2—3); XIII 30 (27), vgl. Cantarelli, Cecilia Attica und O. E. Schmidt, Wochenschr. f. kl. Phil. 1898 S. 403.
[7]) Ad Att. XIII 56 (52); diesen Brief und die Bewirtung Caesars verlegte ich früher (Briefwechsel S. 68 434) auf das Puteolanum. Indessen ist es, da dies erst im Herbst dieses Jahres gekauft wurde und baufällig war, ohnehin zweifelhaft, ob Cicero dort schon im Dezember desselben Jahres einen so vornehmen Gast bewirten konnte. Aufserdem aber widerspricht der früheren Ortsangabe der Brief Ad Att. XIII 56 selbst: *Puteolis se aiebat unum diem fore, alterum ad Baias.* Caesar ist vermutlich am 18. Dez. von Sinuessa her am Lucrinersee angekommen und hatte an diesem Tage bei Philippus, dem Stiefvater Octavians, gespeist (Ad Att. XIII 56, 1); am 19. wird keine Ortsveränderung vorgenommen (*Ille tertiis Saturnalibus apud Philippum a. h. VII nec quemquam admisit: rationes opinor cum Balbo; inde ambulavit in litore. Post h. VIII in balneum; tum audivit de Mamurra; non mutavit. Unctus est, accubuit* (sc. in Cumano Ciceronis). Der 20. Dez. sollte dann in Puteoli, der 21. in Bajae zugebracht werden, wo Caesar selbst eine Villa besafs; vgl. Pl. V in Belochs Atlas von Campanien. Ein weiterer Beweis für meine Annahme liegt darin, dafs in der That die Villa des Philippus (s. o.) dem Cumanum Ciceros benachbart war; vgl. Ad Att. XIV 11, 2: *Modo venit Octavius et quidem in proximam villam Philippi.*
[8]) Ad Att. XIV 9—16.   [9]) Ad Att. XIV 10, 3; 11, 2; 12, 2.
[10]) Ad Att. XIV 2, 4; 15, 3; 16, 1; 17, 1; 20, 5.   [11]) Ad Att. XV 1ᵇ, 1.

Liebes- und Tafelfreuden, die dort seit Sullas Tagen heimisch gewesen zu sein scheint. Während das Tusculanum mit seinem Blick auf die Campagna, den Schauplatz altrömischer Virtus, und auf das Kapitol wie von selbst eine republikanische Gesinnung und einen gewissen Stoicismus empfahl, während das Arpinas inmitten einer bäuerlichen und das antiatische Haus nebst dem Formianum inmitten einer bürgerlichen Gesellschaft altrömische Ehrbarkeit und die republikanischen Ideale der Väter zu predigen schienen, war unter der linden Luft und am lauen Wasser des Lucrinersees keine andere Philosophie denkbar als ein krasses Epikureertum, und seitdem die Triumvirn mit ihrem Anhang an diesem 'Wonnekessel' ihre Regierungsferien abhielten, schien es, als beuge sich jeder Römer dort vor der neuen Tyrannis und werde ein Tyrannenknecht. Darum hatte es Atticus im J. 59 für unpassend erachtet, dafs Cicero damals auf sein Pompejanum reise; denn wenn auch Pompeji der Sphäre von Bajae und Cumae etwas entrückt war, so galt doch damals, im Konsulatsjahre Caesars, der ganze Golf von Neapel als *crater ille delicatus*[1]), weil man natürlich bei der Durchreise durch Cumae und Puteoli und auch vom Pompejanum aus den Machthabern Besuche machen mufste. Cicero teilte damals diese Empfindung und blieb auf seinem Formianum. Wenn er nun trotzdem im J. 56 das Besitztum am Lucrinersee, also an den Pforten von Bajae, erwarb, so lag dem wohl der Wunsch zu Grunde, mit der regierenden Gesellschaft, die ihn durch Clodius und die Verbannung so hart bestraft hatte, in aussöhnende Verbindung zu treten. Er hatte auch erkannt, dafs er in seiner Isolierung allen Einflufs auf den Gang der Staatsmaschine verliere und dafs zwischen den monarchischen Plänen des Caesar und Pompejus einerseits und den republikanischen Idealen des Adels und der besseren Bürgerschaft anderseits ein Kompromifs geschlossen werden müsse. Trotzdem war ihm anfangs dabei nicht eben wohl zu Mute. Noch im J. 55 schreibt er: 'Ich grase hier in der Bibliothek des Faustus Sulla: Du glaubst wohl, dafs ich mich hier an puteolanischen und lucrinensischen Delikatessen weide? Auch daran fehlt es nicht, aber, bei Gott, ich lasse die andern Lustbarkeiten aus Trauer um den Staat beiseite, tröste und erquicke mich an den Wissenschaften und möchte lieber mit Dir auf der kleinen Bank sitzen, die Du unter Aristoteles' Bild hast, als auf dem elfenbeinernen Sessel der Machthaber, und ich möchte lieber bei Dir und mit Dir spazieren gehen als mit dem, mit dem ich wohl «gehen» mufs [Pompejus].'[2]) Aber allmählich söhnt er sich mit den Verhältnissen aus und vollzieht in seiner Brust die Wandlung vom Republikaner zum Konstitutionellen, die in den Büchern vom Staate zum Ausdrucke kommt (Briefwechsel S. 12).

Es ist kein Zufall, dafs Cicero im Mai 54 gerade auf dem Cumanum mit der Abfassung der 6 Bücher 'Über den Staat' begann. Er lebte hier inmitten der drei Faktoren des Staats, die es untereinander zu versöhnen galt: im nahen Puteoli, einer Handelsstadt von gegen 100 000 Einwohnern, stand er in Ver-

---

[1]) Ad Att. II 8, 2: *Quoniam putas praetermittendum nobis esse hoc tempore Cratera illum delicatum*; vgl. Strab. V 4, 3 u. 8: ὁ κόλπος ὁ Κρατὴρ προσαγορευόμενος.

[2]) Ad Att. IV 10, 1.

bindung mit der wohlhabenden, handeltreibenden Bürgerschaft (s. u.), am Lucrinersee safsen Vertreter des republikanischen Adels, wie Hortensius, und Anhänger der Reichsfeldherrn Pompejus und Caesar. Hier hat Cicero die wichtigste Krisis durchgemacht und sein neues Programm des Konstitutionalismus geboren. Er vertrat es wissenschaftlich, indem er in den Büchern über den Staat eine Teilung der Gewalt zwischen Senat, Volk und den Reichsfeldherrn forderte[1]), praktisch, indem er seinen Bruder Quintus nicht hinderte, in Caesars Heer ein geschätzter General zu werden.[2]) So sind die am Sinus Cumanus geschriebenen Bücher über den Staat, worauf ich schon an anderer Stelle hingewiesen habe[3]), nicht als blofse staatswissenschaftliche, theoretische Schriften zu betrachten, sondern besitzen eine hervorragend praktische Bedeutung, sie sind ein Mahnruf des ersten Publizisten seiner Zeit an sein Volk zur Herstellung des inneren Friedens unter Verhältnissen, in denen ein Bürgerkrieg nichts anderes gebären konnte als die Militärdiktatur[4]), und so sind sie auch von den Zeitgenossen verstanden worden.[5])

Indes Cicero war am Lucrinersee nicht nur der warmblütige Vaterlandsfreund und Publizist, sondern auch ein begeisterter Naturfreund, wie es in der humanen Geistesrichtung, die in ihm ihren Höhepunkt erreichte, begründet lag.[6]) Namentlich mit der Natur des ihn umgebenden Meeres trat er hier in noch engere Beziehung als in Antium. An seinen Bruder schreibt er bald nach dessen Abreise: 'Ich schreibe an dem Werke über den Staat, über das ich noch mit Dir gesprochen habe, ein mühsames und arbeitsvolles Werk. Indes, wenn es nach Wunsch gerät, so wird meine Mühe nicht vergebens gewesen sein; wenn nicht, so will ich es in eben dieses Meer werfen, auf das ich beim Schreiben hinausschaue.'[7])

Das Meer bildet sozusagen auch den Vordergrund für die sich Unterredenden in den 'Academica'. 'Wie herrlich ist die Aussicht [vom Landgute des Hortensius in Bauli]: ich sehe drüben Puteoli, aber meinen Freund Avianius, der vielleicht gerade im Porticus des Neptun spazieren geht, sehe ich nicht . . . Siehst Du dort jenes Schiff? Uns erscheint es stillzustehen, aber den Insassen scheint es, als bewege sich unsere Villa . . .'[8]) 'Was scheint so eben zu sein, wie das Meer?'[9]) . . 'Wir sitzen am Lucrinersee und sehen die Fische springen.'[10])

---

[1]) De re publ. I 45: *Praestabit id, quod erit aequatum et temperatum ex tribus optimis rerum publicarum modis; placet enim esse quiddam in re publica praestans et regale, esse aliud auctoritati principum impartitum ac tributum, esse quasdam res servatas iudicio voluntatique multitudinis. Haec constitutio primum habet aequabilitatem quandam magnam, qua carere diutius vix possunt liberi, deinde firmitudinem.*

[2]) Quintus reiste im Mai 54 zu Caesar; vgl. Körner S. 40.

[3]) Briefwechsel S. 11 f.   [4]) Ad Att. VII 5, 4.

[5]) Caelius, Ep. VIII 1 fin. (aus dem Jahre 51): *Tui politici libri omnibus vigent.*

[6]) Schneidewin, Antike Humanität S. 418 f.

[7]) Ad Q. II 12, 1: .. *in illud ipsum mare deiciemus, quod spectantes scribimus.* Über die Sitte, dem Studierzimmer selbst vermittelst eines Durchhaues die Aussicht übers Meer zu verschaffen, s. S. 55 u. 61.

[8]) Acad. prior. § 80.   [9]) Fragm. Acad. II (Nonius S. 65).

[10]) Fragm. Acad. III (Nonius S. 65).

Dazu kommt der herrliche Preis des Meeres in dem Buche über die Natur der Gottheit: 'Wie grofs ist die Schönheit des Meeres! Welche Herrlichkeit des Ganzen, welche Menge und Mannigfaltigkeit der Inseln, welche Abwechselung und Lieblichkeit in den Ufern und Gestaden. Wie viele und wie verschiedene Arten von Meertieren giebt es, die teils auf dem tiefsten Grunde leben, teils in den Fluten hin und her schwimmen, teils mit ihren angeborenen Muscheln sich am Felsen festsaugen! Das Meer selbst aber sehnt sich so nach dem Lande und umschliefst es so mit seinen Dünen, dafs aus zwei Elementen eins zu werden scheint.'[1]

Schliefslich konnte Atticus, als Cicero im April 44 wieder einmal Frühlingstage am Lucrinus verlebte, die Frage aufwerfen, ob er, der im Binnenlande geborene Arpinate, wirklich einen Strandspaziergang den heimatlichen Bergen und der Aussicht von ihnen vorziehe, worauf Cicero: 'Es ist in der That, wie Du sagst; die Schönheit beider Gegenden ist so grofs, dafs ich nicht weifs, welcher ich den Vorzug geben soll.'[2] So umstrickte ihn von Jahr zu Jahr mehr der Zauber des Meeres und liefs es ihn fast mit dem Auge des Dichters betrachten: 'Wie? Ist das Meer nicht blau wie der Himmel? Aber wenn seine Welle mit dem Ruder geschlagen wird, dann schimmert es violett, und seine Wasser sehen aus wie mit Farben übergossen ...'[3] Als ich dieses Fragment aus den Academica las, mufste ich einer Bootfahrt in den Gewässern von Capri gedenken, wobei ich dieselben wunderbaren Farbenspiele wahrgenommen habe. Auch Cicero hat diese Beobachtungen sicherlich auf den zahlreichen Ruderfahrten angestellt, die ihn von einem Ort des paradiesischen Golfs zum andern führten.[4] Denn er war gerade hier ein besonders gesuchter Gesellschafter. Er verkehrte zwanglos mit allen Kreisen der vielgestaltigen römischen Gesellschaft, mit Männern von altem Schrot und Korn, wie Hortensius und Marius, mit Vertretern der Geldaristokratie, mit Pompejus selbst und dem neuen Dienstadel, der sich in der Umgebung der Machthaber bildete; von Jahr zu Jahr wurde er mehr aufgesucht und umworben als Anwalt, Redner, Publizist und Muster geläuterten Geschmacks und edelster Humanität. Seine Accommodationsfähigkeit feierte am Lucrinus ihre gröfsten Triumphe. Es ist leicht, hier von Charakterlosigkeit zu reden und den Stab über ihn zu brechen; aber auch Goethe war ein anderer bei Hofe als in Strafsburg oder Wetzlar. Der innerste Mensch wird durch ein momentanes Sichanschmiegen an elegantere Daseinsformen nicht verändert, wohl aber zeigt gerade der geist- und gemütvolle Mann in der leichten Causerie der vornehmen Welt eine Reihe sonst schlummernder Eigenschaften: blendenden Witz, gewinnende Verbindlichkeit und jenen nur

---

[1]) De nat. deor. II 99.
[2]) Ad Att. XIV 13, 1: *Quaeris atque etiam me ipsum nescire arbitraris, utrum magis tumulis prospectuque an ambulatione ἀλιτενεῖ delecter. Est mehercule, ut dicis, utriusque loci tanta amoenitas, ut dubitem utra anteponenda sit ...*
[3]) Fragment aus Acad. II (Nonius S. 162): *Quid? mare nonne caeruleum? At eius unda, um est pulsa remis, purpurascit: et quidem aquae tinctum quodam modo et infectum ...*
[4]) Ad Att. XIV 16, 1; 20, 1, 5; XVI 3, 6 u. s. w.

von bedeutenden Persönlichkeiten ausstrahlenden Zauber, den auch Napoleon I.
bei der Betrachtung Goethes anerkannte mit den Worten: 'Voilà un homme!'
Wurden ihm die gesellschaftlichen Verpflichtungen am Lucrinersee lästig, so
besafs er in der Nähe auch einen wonnigen Zufluchtsort, mit dem uns der
letzte Abschnitt (VII) bekannt machen soll.

VI. DAS PUTEOLANUM

> Niemals tadl' ich den Mann, der, immer thätig
> und rastlos
> Umgetrieben, das Meer und alle Strafsen der Erde
> Kühn und emsig befährt und sich des Gewinnes
> erfreuet . . .
> Goethe

Zu seinem Cumanum erwarb Cicero im J. 45 noch eine wertvolle Besitzung im benachbarten Puteoli hinzu. Er erhielt nämlich am 2. August
dieses Jahres in Rom die Nachricht, dafs der ihm befreundete Bankier Cluvius
in Puteoli gestorben sei und ihn zum Miterben eingesetzt habe.[1] Am liebsten
wäre Cicero baldigst selbst nach Puteoli geeilt[2]), um die wertvolle Hinter-
lassenschaft des Cluvius — bares Geld, Silbergeschirr, Grundbesitz[3]) — in
Augenschein zu nehmen, aber Caesars Rückkehr aus Spanien scheint bevor-
zustehen, und so beauftragt er den befreundeten Bankier Vestorius mit seiner
Vertretung. Die *horti Cluviani* wünscht er aber bei der anzuberaumenden
Auktion selbst zu erwerben.[4]) Doch war er aufser stande, die hohe Kauf-
summe für den wertvollen Besitz sofort zu bezahlen. Deshalb verhandelt er
durch Balbus mit Caesar, seinem Miterben, und mit Lepta, dem andern Miterben, am 12. August 45 bei Balbus auf dem Lanuvinum.[5]) Der Kauf kam zu
stande, denn im Frühjahr 44 war Cicero schon längere Zeit Besitzer der horti
Cluviani, seines Puteolanum.[6])

Das weitläufige Grundstück war nicht durchweg in gutem Zustande: 'Wenn
Du fragst, wozu ich den Baumeister Chrysippus herbeigerufen habe, so wisse,
dafs mir zwei Läden eingestürzt sind, die übrigen aber haben so grofse Mauer-
risse, dafs nicht nur die Mieter, sondern auch die Mäuse die Flucht ergriffen
haben.'[7]) Wegen des Neubaues wohnte Cicero im April 44 noch nicht auf
dem Puteolanum.[8])

Warum aber hatte er unter solchen Umständen das Puteolanum überhaupt erworben? Den Genufs der Landschaft, des Meeres und der Gesellschaft bot ihm doch sein Cumanum im höchsten Mafse. Wozu also eine
zweite Besitzung in derselben Gegend, die noch dazu ihre Sorgen mit sich

---

[1]) Ad Att. XIII 52 (48), 1: *Lepta me rogat, ut, si quid sibi opus sit, accurram; mortuus
enim † Babullius.* Für *Babullius* ist m. E. zu schreiben *Pu. cluvius = Puteolis Cluvius;*
vgl. Ad Att. XIII 40 (37), 4; 48 (45), 2; 49 (46), 3; 50 (47ᵃ); 54 (50), 2.

[2]) Ad Att. XIII 48 (45), 2.   [3]) Ad Att. XIII 48 (45), 3.

[4]) Ad Att. XIII 49 (46), 3.   [5]) Ad Att. XIII 49 (46), 1.

[6]) Ad Att. XIV 7, 1; 9, 1.   [7]) Ad Att. XIV 9, 1.

[8]) A. a. O. § 2 u. 3 zeigen, dafs er auf dem Cumanum wohnt; vgl. 10, 3: *Eodemque die
mecum in Cumano.*

brachte?[1]) Die Antwort auf diese Frage enthält der Brief an Atticus XIV 10, 3: 'Bald werde ich eine 100%ige Rente aus dem Puteolanum haben, denn ich habe im ersten Jahre bereits 80% daraus gezogen.' Selbst die Notwendigkeit eines teilweisen Neubaus schadet der Rentabilität nicht, denn Cicero schreibt am 21. April 44 Ad Att. XIV 11, 2 hoffnungsvoll: 'Über das Cluvianum teile ich Dir mit, da Du meinen Angelegenheiten noch mehr Eifer widmest, als ich selbst, dafs es 100% tragen wird: der Einsturz [einiger Läden] hat den Besitz nicht schlechter gemacht, sondern vielleicht noch ertragsreicher.' Demnach war das Puteolanum nicht in erster Linie ein Luxusbau, sondern ein Nutzbau mit Läden und Mietwohnungen, eine Anlage, wie deren viele in Pompeji ausgegraben worden sind, von Cicero angekauft, um von dem darin angelegten Kapital möglichst hohe Zinsen zu erzielen. Nebenher aber gewährte die Besitzung auch die Annehmlichkeit eines bequemeren Verkehrs mit einigen Grofskaufleuten in Puteoli, die dem Cicero näher standen, wie C. Avianius[2]) und Vestorius. Endlich war sie ein sehr geeigneter Ausgangspunkt für Seefahrten nach der gegenüberliegenden Insel Nesis, nach Neapel und Pompeji.[3]) Aus diesen Gründen setzte Cicero die Teile des Puteolanum, die er gelegentlich zu benutzen gedachte, schnell in wohnlichen Stand und siedelte bereits am 1. Mai 44 auf die horti Cluviani = Puteolanum über, um, wie im J. 45, auch diesmal wieder der hochgeschätzten Gattin des Freundes den Genufs des herrlichen Cumanum zu gönnen.[4]) Und als er am 2. Mai bereits wieder die Anker löste, um das Pompejanum aufzusuchen, so bemerkt er doch

---

[1]) In der That hat neuerdings J. Beloch in seinem mehrerwähnten Buche über Campanien S. 175 die Ansicht aufgestellt, dafs Cicero, da sich die Vorstädte von Puteoli bis in die Nähe seiner Villa am Lucrinus ausdehnten, diese Villa bald als Puteolanum, bald als Cumanum ¡bezeichne. 'Es ist völlig ungereimt, von zwei Villen Ciceros in dieser Gegend zu fabeln, und am allerwenigsten sollte man es sich zu Schulden kommen lassen, die Akademie als Puteolanum zu bezeichnen. Nun giebt es allerdings eine Stelle, die bei flüchtigem Durchlesen zu der Annahme verleiten könnte, das Puteolanum Ciceros sei von seinem Cumanum verschieden gewesen. Heri dederam ad te litteras exiens e Puteolano deverteramque in Cumanum (Ad Att. XV 1ᵇ, 1; 44 a. Chr.). Aber dieses Puteolanum ist wahrscheinlich identisch mit den horti Cluviani, die Cicero im Jahre vorher geerbt hatte.' Hier ist Richtiges mit Falschem vermengt. Richtig ist, dafs Cicero vor dem Herbste 45 kein Puteolanum besafs und dafs dieser Begriff mit horti Cluviani oder auch Cluviana (Ad Att. XIV 9, 1) identisch ist. Falsch ist die Schlufsfolgerung, denn die horti Cluviani enthielten aufser Gartenanlagen eben auch eine Villa mit eingebauten Läden, also gab es ein Puteolanum Ciceros. Falsch ist auch die Angabe, dafs Cicero die Ausdrücke Puteolanum und Cumanum promiscue gebrauche. Das ist nur bis zu einem gewissen Grade in einer einzigen Stelle der Fall, Ep. V 15, 2 [an Luccejus aus dem Mai 45; vgl. O. E. Schmidt in Mendelssohns Ausg. S. 456]: Cum essemus vicini . . . in Puteolano. Cicero denkt hier an sein Cumanum — denn das Puteolanum besafs er damals noch nicht —, schreibt aber in Puteolano, weil die Villa des Luccejus dort lag. Sonst bezeichnet der Ausdruck Puteolanum immer nur die wirklich auch auf dem Stadtgebiete von Puteoli liegende Besitzung = Cluviana, so z. B. in der oben citierten Stelle Ad Att. XV 1ᵇ, 1 und ferner in De fato 2; Ad Att. XIV 16; XV 1ᵃ, 2; 28; XVI 7, 1.

[2]) Acad. prior. § 80.   [3]) Ad Att. XIV 16, 1; 17, 1; 20, 1; 21, 4; XIV 1ᵃ, 3.

[4]) Ad Att. XIV 15, 3; 16, 1, wo mit Schiche VI. Non. conscendens zu lesen ist, und danach wohl cum pridie Piliae . . .

4*

mit Stolz: 'Nach wenigen Tagen werde ich in meine puteolanischen und cuma-
nischen Königreiche zurückfahren, Gegenden, die herrlicher wären als alle,
wenn man nicht vor der Menge der Störenfriede fast die Flucht ergreifen
müfste.'[1]) Unter diesen Störenfrieden verstand er damals besonders die beiden
designierten Konsuln Hirtius und Pansa, altgediente Generale, die sich vor
dem Antritt ihres Amtes bei Cicero den letzten rednerischen Schliff erwerben
wollten.[2]) Trotzdem hielt darnach Cicero vom 11.—17. Mai auf dem Puteolanum aus[3]) und kehrte auch am 7. Juli dahin zurück, um vor seiner geplanten
griechischen Reise mit M. Brutus auf der Insel Nesis Rats zu pflegen.[4]) Diese
Reise kam bekanntlich nicht zur Ausführung. Am 25. Oktober 44 war Cicero
wieder in Puteoli, schrieb hier Ad Att. XV 13 und blieb in dieser Gegend, wie
es scheint, bis zum 7. November[5]); er wird in dieser Zeit natürlich auch sein
Cumanum und Pompejanum aufgesucht haben, aber das Puteolanum bot ihm
doch die gröfste Sicherheit vor Antonius und die besten Postverbindungen.[6])
Hier bahnte sich auch sein tragisches Verhängnis an: denn hier schlofs er den
Bund mit Octavian.[7]) Seine *regna Cumana et Puteolana* sah er niemals wieder. —
    Ciceros Puteolanum war eine umfangreiche Anlage. Deshalb darf man es
nicht in der Nähe des Kastells von Pozzuoli und der Piazza suchen, überhaupt nicht im Innern der Stadt, auch nicht im Stadtteil Emporium selbst,
dessen Küstenstreifen für eine Reihe antiker Bauten in Anspruch genommen
wird, die aus zuverlässigen alten Abbildungen von Puteoli bekannt sind (Beloch,
Atlas Pl. III). Wohl aber wird man das Grundstück Ciceros in der sich an
das Emporium anschliefsenden westlichen Vorstadt suchen dürfen. Dafs hier
noch eine verhältnismäfsig dichte Besiedlung vorhanden war, die die Läden
und Mietwohnungen Ciceros wertvoll machten, zeigen die zahlreichen noch
jetzt vorhandenen Reste von römischem Mauerwerk in dieser Gegend, die
Ruinen des Circus und andere.
    In der That wird in dieser Gegend ein Ruinenkomplex, der sich den steilen
Abhang gegenüber der jetzigen Filiale der Armstrongschen Kanonenfabrik hinauf-
zieht, als Villa di Cicerone bezeichnet. Selbstverständlich ist diese Tradition ganz
unzuverlässig, aber sie hat doch ungefähr die Stelle getroffen, wo wir uns nach
alledem, was wir davon wissen, das Puteolanum denken müssen. Die Strafse
von Puteoli an den Lucrinersee läuft längs der Küste auf schmaler Strandebene hin; rechts von ihr steigt ruinendurchzogenes Gelände schroff aufwärts

---

[1]) A. a. O.

[2]) Ad Att. XIV 14, 1, wo statt *de Pherionum more Puteolano* zu lesen ist *de P⟨ansae⟩
H⟨irtii⟩ novo more Puteolano*, vgl. Ad Att. XIV 12, 2: *Haud amo vel hos designatos qui
etiam declamare me coëgerunt, ut ne apud aquas quidem acquiescere liceret*; vgl. O. E. Schmidt,
Rhein. Mus. N. F. LII S. 233 f. Ad Att. XIV 21, 4; XV 1: *Hirtius erat apud me in Puteolano:
ei legi et egi*. Ein Denkmal d[r]eser Zeit ist die Hirtius gewidmete Schrift De fato; vgl. § 2.

[3]) Ad Att. XIV 20 1; XV 1[a]; 1[b], 1.

[4]) Ad Att. XV 28; XVI 1, 1; 2, 3.   [5]) Ad Att. XVI 10.

[6]) Ad Att. XVI 14, 1: *Nihil erat plane quod scriberem* (sc. ex Arpinati); *nam cum Puteolis
essem, cotidie aliquid novi de Octaviano, multa etiam falsa de Antonio.*

[7]) Ad Att. XVI 8.

zu einem Plateau. Die mehrfach erwähnten Läden der Villa lagen wohl längs einer oder mehrerer Strafsen, die auf dem Plateau hinliefen. Den steilen Abhang hinunter aber erstreckten sich Anlagen und Säulenhallen bis in die Nähe des Wassers. Die Aussicht vom Abhang hinunter aufs Meer und weiter hinüber nach Bajae und Misenum, wie sie das beigegebene Bild bietet (Taf. II Nr. 3), ist wunderschön; zwischen den Trümmern gedeihen Feigenbäume, am Boden wächst dieselbe purpurrote Blume, die auch den toten Strand von Antium so schön belebt. In der Kaiserzeit gehörte Ciceros Puteolanum dem Romantiker Hadrian, er liefs sich darin nach seinem qualvollen Tode bestatten.[1])

VII. DAS POMPEIANUM

Hier bin ich Mensch, hier darf ich's sein.
Goethe

Die südlichste Besitzung Ciceros war eine Villa bei Pompeji. Er hat sie weit länger besessen als die anderen Villen am Golf von Neapel, das Cumanum und das Puteolanum. Denn Cicero erwähnt einen dort genossenen Aufenthalt bereits im Mai 60[2]), und aus dem Juni desselben Jahres besitzen wir die Angabe, dafs kostspielige Umbauten, die Cicero auf dem Pompejanum vorgenommen hat, seine Schuldenlast vermehrt haben.[3]) Anderseits aber scheint er das Pompejanum bei Beginn des Jahres 66 noch nicht besessen zu haben, sonst wäre es Ad Att. I 4, 3 mit genannt.

Mehr als bei den anderen Villen interessiert uns bei dem Pompejanum die Frage, wo es gelegen habe. Denn da Pompeji 122 Jahre nach Ciceros Tod in sein Aschengrab versank, um uns unter der schützenden Decke als das lebensfrischeste Denkmal des Altertums erhalten zu bleiben, so besteht die Möglichkeit, dafs auch Ciceros Pompejanum dort noch vorhanden sei. Die von den Italienern des vorigen Jahrhunderts herrührende Tradition bezeichnet als sein Pompejanum die Reste eines Hauses an der Via Herculana, das man, wenn man aus der Stadt kommend die Porta Herculana durchschritten hat, bald darauf zur linken Hand vor sich sieht. Dieses Haus wurde im J. 1763, als die Ausgrabungen noch mit sehr geringen Mitteln und sehr dilettantisch betrieben wurden, aufgedeckt und besonders wegen der darin gefundenen Kunstschätze als Ciceros Pompejanum bezeichnet. Nur auf solche Dinge machte man damals Jagd, die Gebäude an sich interessierten nicht; so wurden denn die vorgefundenen Wandbilder (Tänzerinnen, Seiltänzer, Centaurengruppen), vor allem aber zwei fein ausgeführte Mosaiken von Dioskurides aus Samos, auf denen Komödienscenen dargestellt waren, ausgesägt und ausgebrochen — sie sind jetzt im Nationalmuseum in Neapel —, alles übrige aber, bis auf den geringen noch jetzt sichtbaren Rest: einige Zimmer und ein nach der Strafse

---

[1]) Spartian, Hadrian. 25, 6 f.: *Apud ipsas Baias perit die VI Iduum Iuliarum. Invisusque omnibus sepultus est in villa Ciceroniana Puteolis.*
[2]) Ad Att. I 20, 1; vgl. Sternkopf, Elberfelder Progr. S. 20.
[3]) Ad Att II 1, 11; vgl. Sternkopf a. a. O.

zu gelegener Porticus, wieder verschüttet. Dafs unter diesen Umständen die
moderne Archäologie nicht an dem Glauben festhielt, hier sei Ciceros Pompejanum aufgedeckt, ist nicht wunderbar. Aber es ist auch nicht alles stich-
haltig, was z. B. Overbeck und Mau, 'Pompeji' S. 11 darüber sagen. 'Die erste
namhafte Person, von der wir eine solche Ansiedlung in Pompeji erfahren, ist
Cicero, welcher, obgleich nicht unbeträchtlich verschuldet, sich neben seinem
Landsitze in Puteoli noch einen solchen in Pompeji kaufte, von dem er in
seinen Briefen (Epp. ad div. 7, 1) zu erzählen weifs. Die Annahme freilich,
dafs die unter dem Namen der Villa Ciceros bekannten, dicht vor dem Herculaner Thor gelegenen, 1763 aufgegrabenen und zum gröfsten Teile bald wieder
zugeschütteten Ruinen einer Villa vielleicht dem Pompejanum des grofsen Redners
angehören, ist grundlos, und schon deshalb nicht glaublich, weil Cicero in seinen
Briefen ganz besonders die stille Zurückgezogenheit seines Landsitzes rühmt,
was sich mit der Lage der in Rede stehenden Villa an der Heerstrafse kaum
verträgt.' Hier ist fälschlich behauptet, dafs Cicero sein Pompejanum zu seinem
Puteolanum hinzugekauft habe: vielmehr besafs er das Pompejanum mindestens
15 Jahre vor dem Puteolanum und mindestens 4 Jahre vor dem Cumanum.
Ferner ist es nicht zutreffend, dafs 'die stille Zurückgezogenheit des Landsitzes'
unvereinbar gewesen sei mit der Lage an der Heerstrafse. Es ist allerdings
Thatsache, dafs Cicero öfters, um ungestörter zu sein, auf sein Pompejanum
entwich (s. S. 59 f.), aber aus welcher Umgebung? Aus dem üppigen, geräusch-
vollen, gesellschaftlich anstrengenden Badeleben der Aristokratie, das ihn am
Lucrinus, an den Pforten von Bajae, umgab. Im Vergleiche dazu war Pompeji
eine stille Landstadt, halb griechischen, halb römisch-oskischen Gepräges, vor
deren Thoren nur wenige römische Grofse Landsitze besafsen.[1]) Niemand erhob
hier an ihn Ansprüche als etwa sein gleichgesinnter Freund Marius, niemand
stellte ihm verfängliche Fragen, es gab keine grofsen Diners. Was kümmerten
ihn, falls er vor dem Herculanerthor hauste, die kleinen Landleute und Händler,
die dort mit ihren Marktwaren in die Stadt zogen: rechts und links war er
durch Grabmäler vor lästigen Nachbarn geschützt, und überdies lagen doch
gerade die wichtigsten Zimmer, wie in der nahen Villa des Diomedes (s. u.),
fern von der Strafse, den Bergen und dem Meere zugekehrt. Also diese Beweis-
führung Overbecks gegen die italienische Tradition zerfällt bei näherem Zusehen in nichts. Vielmehr giebt es in Ciceros Schriften einige von Overbeck
nicht herangezogene Stellen, die darauf führen, dafs Ciceros Pompejanum wirklich vor dem Herculaner Thore gelegen haben mufs. Da ist vor allem die
Betrachtung zu nennen, die Cicero in den Academica über die Sehweite des
menschlichen Auges anstellt. Er befindet sich mit den anderen Wortführern
des Dialogs auf der Villa des Hortensius in Bauli[2]), und sagt: 'Das Cumanum

---

[1]) Mit Sicherheit ist von den Zeitgenossen Ciceros nur M. Marius (Ep. VII 1—4) als An-
siedler bei Pompeji zu ermitteln. Von Pansa ist es trotz Ad Att. XIV 20, 4: *Cum Pansa
vixi in Pompeiano* unsicher; er konnte irgendwo als Gast gewesen sein.

[2]) Vgl. S. 43.

des Catulus sehe ich von hier aus, mein Pompejanum aber sehe ich nicht, und
doch liegt nichts dazwischen, was das Sehen hindern könnte, sondern die Seh-
kraft läfst sich nicht weiter anspannen.'[1]) Aus dieser Stelle folgt mit zwingender
Sicherheit, dafs Ciceros Pompejanum so hoch lag, dafs man seine Stelle bei
klarem Wetter mit einem modernen scharfen Fernglase vom Strande zwischen
Bajae und Cumae erkennen könnte. Es giebt aber in der Umgebung Pompejis,
soweit sie sich an die Stadtmauer anlehnt, nur eine einzige Gegend, die, soviel
ich bei einer Umwanderung derselben wahrnehmen konnte, dieser Forderung
entspricht: nämlich die vor dem Herculaner Thor. Hier hat der erstarrte
Lavastrom, auf dem Pompeji gegründet ist, an seinem dem Meere zugekehrten
Westende seine höchste Frhebung (42,53 m), von hier schweift das Auge un-
gehindert über das Meer hinüber an die Buchten von Puteoli und Bajae.
Hierzu kommt von anderer Seite eine Bestätigung. In dem anmutigen Briefe
Ep. VII 1, von dem unten weiter die Rede sein wird, malt sich Cicero aus,
wie sein Freund und Nachbar[2]) M. Marius im Oktober 55 die Tage genossen
haben werde, die Cicero selbst zur Teilnahme an den Eröffnungsfeierlich-
keiten des Theaters des Pompejus in Rom verwenden zu müssen glaubte.
'Ich zweifle nicht, dafs Du an diesen Tagen in Deinem Ruhegemach, von
dem aus Du Dir den Blick auf den Meerbusen von Stabiae geöffnet und
freigemacht hast, die Morgenstunden mit angenehmer Lektüre verbracht hast,
während die, die Dich dort [auf dem Pompejanum] zurückgelassen haben,
mit Gähnen und langer Weile sich die allergewöhnlichsten Mimen ansehen
mufsten.'[3]) Was Cicero vom Freunde erwartete, wäre gegebenen Falls sein
eigenes Tagewerk gewesen, und so darf man wohl auch weiter schliefsen: die
Aussicht aus den Fenstern des Ruhegemachs, die er so anschaulich beschreibt,
genofs er selbst, wenn er auf dem Pompejanum weilte. Nun ist aber das Meer
in der Richtung auf Stabiae, das heutige Castellammare, von keinem andern
Punkte der nächsten Umgebung Pompejis zu übersehen, als von dem hoch-
gelegenen Stück der Via Herculana unmittelbar vor dem Herculaner Thor;
weiterhin senkt sich diese Strafse rasch zur Strandebene hinab. Folglich mufs
sowohl die Villa Ciceros als die des Marius dort an der Gräberstrafse gelegen
haben; in beiden kehrten die Hauptzimmer ihre Fenster nicht zur Strafse,
sondern dem Meere zu, das im Altertum noch etwas näher an den Stadthügel
von Pompeji heranreichte als heute; von beiden senkten sich vermutlich Gartenanlagen und Baumpflanzungen, durch deren Wipfel ein Durchblick auf die

---

[1]) Acad. II 80: *Ut enim vera videamus, quam longe videmus! Ego Catuli Cumanum ex ·
hoc loco cerno, Pompeianum non cerno neque quicquam interiectum est, quod obstet, sed
intendi acies longius non potest.* Dafs hier nicht etwa ein Pompejanum des Catulus, sondern
Ciceros Pompejanum gemeint ist, folgt aus II 9: *Erat constitutum, si ventus esset, Lucullo
in Neapolitanum, mihi in Pompeianum navigare.*

[2]) Ep. VII 3, 1.

[3]) Diese Stelle ist ohne Not mit Konjekturen und künstlichen Auslegungen heimgesucht
worden, die alle in sich zusammenfallen, wenn man das Terrain vor Augen hat. Es ist
einfach mit MR zu schreiben: *Ex quo tibi Stabianum perforasti et patefecisti senum = sinum.*

Bucht von Stabiae gehauen war, zum Strande hinunter, wo das Seebad und die Bootstation lockte.[1]) Nachdem ich mir dies alles klargemacht hatte, betrachtete ich die Umgebung des Herculaner Thores mit noch innigerer Teilnahme als zuvor. Ein Platz innerhalb des Thores kann für Ciceros Villa nicht in Betracht kommen, obwohl Overbeck a. a. O. irrtümlich von einer Ansiedlung in Pompeji spricht, da die Stadtmauer nicht nur die Aussicht, sondern auch den freien Verkehr mit dem Meere hemmt, und da Cicero niemals erwähnt, er sei in Pompeji (*Pompeiis*) gewesen, sondern immer *in Pompeiano*, d. h. auf einem aufserhalb der Mauer, aber innerhalb der Stadtflur gelegenen Grundstücke. Aufserhalb des Thores können nach dem jetzigen Stande der Ausgrabungen für Ciceros Pompejanum nur drei Grundstücke in Betracht kommen:

1) die rechts der Strafse gelegene Casa delle colonne di mosaico. Sie hatte den Garten nach der Strafse zu, in dem ein von vier Mosaiksäulen getragener Pavillon stand — die Säulen sind jetzt in Neapel, an Ort und Stelle aber erhalten ist die schöne mit buntem Mosaik verzierte Brunnennische, links davon ein Hof mit Altar und Kapelle und eine aufwärts führende Treppe. Die oberen Teile der Villa sind noch nicht ausgegraben. Die Aussicht von dem Gelände über der Treppe würde vollkommen unseren Anforderungen entsprechen, aber dieser Villa fehlte die unmittelbare Verbindung mit dem Meere, die durch die links der Strafse liegenden Grundstücke gehindert wird.

2) die etwas weiter abwärts, aber noch immer in aussichtsreichem Terrain links der Strafse liegende sogenannte Villa des Diomedes. Sie hat ihren Namen ganz willkürlich von einigen ihr gegenüberliegenden Gräbern erhalten und zeigt in ihrer Anlage alle Erfordernisse eines Landsitzes nach Ciceros Geschmack. Den Mittelpunkt bildet ein geräumiges Peristyl, links davon an einem kleinen Hofe liegen die Baderäume (Piscina, Apodyterium, Tepidarium, Caldarium); nach dem Meere zu gelangt man durch ein Vorzimmer aus dem Peristyl in ein prachtvolles Ruhegemach (Cubiculum), in dessen Aufsenwand drei grofse Fenster eingelassen sind, die die herrlichste Aussicht über den Meerbusen von Stabiae gewähren, ganz wie sie Cicero in dem Briefe Ep. VII 1 beschreibt. Auch an einer Terrasse und einem grofsen mit Säulenhallen umgebenen Garten fehlte es nicht (vgl. den Plan bei Overbeck-Mau S. 370). Überdies bezeugt Mau (Pomp. Beitr. S. 151), dafs diese Villa nach Bauart und Malerei aus republikanischer Zeit stammt.

3) die sogenannte Villa di Cicerone, ebenfalls auf der linken Seite der Strafse vor dem Herculaner Thor, aber weit höher gelegen als Nr. 2. Einen allerdings nur unvollständigen Plan davon bieten wir S. 57 aus Overbeck-Mau S. 399 nach Pomp. ant. hist. vol. I tab. 2. Sie hatte längs der Strafse, wie es scheint, einen Wirtschaftshof und einen Porticus, viele Zimmer, einen grofsen Garten, Terrassen und wohl auch eine Palaestra. Genaueres läfst sich nicht erkennen.

---

[1]) Ad Att. XVI 7, 8: *Haec scripsi navigans, cum Pompeianum accederem.* Diese und ähnliche Stellen (a. O. XIV 20, 1; XVI 3, 6) hindern uns anzunehmen, dafs das P. weiter landeinwärts, etwa bei Boscoreale, gelegen habe.

Faßt man alle Argumente zusammen, so glaube ich wenigstens die Wahrscheinlichkeit aussprechen zu können, daß in Nr. 2 die Villa des Marius, in Nr. 3 das Pompejanum Ciceros vorliegt, dessen hohe Lage ja ausdrücklich bezeugt ist. Eine erneute Ausgrabung und genaue Aufnahme der verschütteten Baulichkeiten ist dringend zu wünschen und als eine Ehrenpflicht der rührigen Leitung der pompejanischen Ausgrabungen zu bezeichnen.[1])

Den ersten nachweisbaren Aufenthalt Ciceros auf dem Pompejanum im Frühling 60 habe ich schon erwähnt. Im folgenden J. 59 unterblieb der

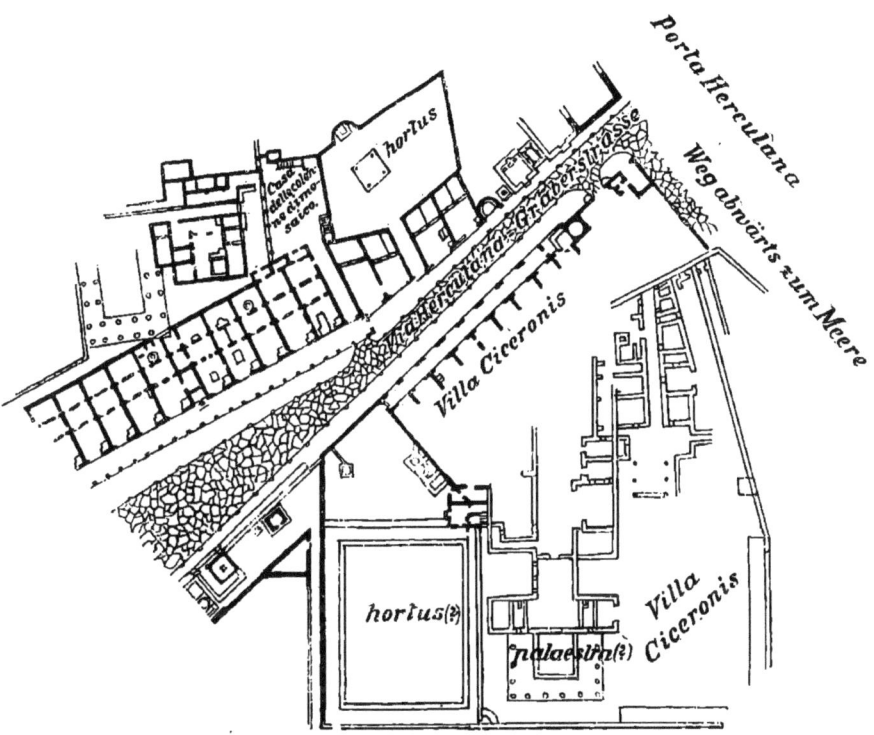

Villa Ciceros vor dem Herkulanerthor bei Pompeji (vgl. Taf. II Nr. 4)

für den Monat Mai geplante Aufenthalt am 'Wonnekessel' aus Gründen, die oben (S. 47) erörtert worden sind. Dann kam seine Verbannung. So sah er das Pompejanum erst im April 56 auf kurze Zeit wieder[2]) und ebenso im J. 55

---

[1]) Giuseppe Fiorelli, der hochverdiente Direktor der Ausgrabungen, hat sich in seiner Descrizione di Pompei (Napoli 1875) S. 404 über die fraglichen Ruinen allerdings in ganz anderem Sinne ausgesprochen; er sieht in ihnen *una splendida abitazione con bagni, cenacoli e botteghe* und tauft sie nach einem in einem der dazugehörigen Gärten gefundenen Steine mit der Inschrift: *Thermae M. Crassi Frugi aqua marina et balu. aqua dulci Ianuarius L.* als *praedia M. Crassi Frugi.* Ich meine aber: selbst wenn der Stein den Besitzer dieses Suburbanums zur Zeit der Verschüttung richtig nennt, besteht doch die Möglichkeit, daß dieselben Liegenschaften ehedem dem Cicero gehörten

[2]) Ad Q. II 5ª; vgl. S. 44 Anm. 4.

am 24. April, doch kehrte er schon am 25. auf sein Cumanum zurück, um
sich von Pompejus zu verabschieden.[1]) Es ist aber anzunehmen, dafs Cicero
in diesem Jahre noch längere Zeit auf seinem Pompejanum verweilte, ohne
dafs wir es direkt nachweisen können. Denn der Brief Ad Att. IV 13 (vom
15. Nov. 55) beweist, dafs Cicero vorher längere Zeit auf den von Rom ent-
fernteren Villen gelebt und an den Büchern 'Über den Redner' gearbeitet hat,
und aufserdem bildet der Brief an Marius VII 1 ein klassisches Denkmal der
auf dem Pompejanum im Verein mit M. Marius verlebten Tage; ein Schimmer
des dort genossenen Glücks liegt auf der bereits oben erwähnten Schilderung,
wie Marius, und wir dürfen auch sagen Cicero, den Morgen mit edler Lektüre
zubringt in einem stimmungsvoll dekorierten Gemach, aus dessen breiten
Fenstern das Auge hinunterschweift ans Meer und darüber bis zu den Bergen
von Castellammare. Dann spricht Cicero weiter zu Marius: 'Die übrigen Stunden
des Tages aber durftest Du hinbringen in Freuden, die Du Dir nach eigenem
Geschmacke bereitetest, während wir das über uns ergehen lassen mufsten, was
nach dem Geschmacke des Spurius Maecius war.[2]) ... Die Mühe, die es kostete,
die Ausstattung der Stücke zu sehen, zerstörte alle Heiterkeit, und gerade diese
Ausstattung hast Du gewifs herzlich gern entbehrt. Oder können uns die
6000 Maulesel in der «Clytämnestra» oder die 3000 Mischkessel im «Troja-
nischen Pferde» oder die Prunkwaffen der Reiterei und des Fufsvolks in irgend
einem Gefecht auf der Bühne Genufs bereiten? Der grofse Haufe staunt
darüber, aber Du hättest keine Freude daran gehabt. Wenn Du nun dafür
während dieser Tage Deinem Vorleser Protogenes zugehört hast, so wirst Du,
vorausgesetzt dafs er Dir nicht etwa gerade meine Reden vortrug, ein wieviel
gröfseres Vergnügen gehabt haben als irgend einer von uns! Denn ich glaube
nicht, dafs Du die griechischen und oskischen Bühnenspiele vermifst hast,
siehst Du doch Osker genug in Eurem Senate zu Pompeji, und die Griechen
liebst Du so wenig, dafs Du Dich nicht einmal auf der «Griechischen Strafse»
auf Dein Pompejanum tragen lassen willst.[3]) ... Pflege nur wie bisher Deinen
schwachen Körper und schone Dich, damit Du [wenn ich komme] mich auf
meinen Villen [Cumanum und Pompejanum] besuchen und mich in Deiner
lieben Sänfte mit auf Reisen nehmen kannst.' —
    Im J. 54 wechselte Cicero, während er an den Büchern 'Über den Staat'
arbeitete, mit seinem Aufenthalte zwischen dem Cumanum und dem Pompejanum

---

[1]) O. E. Schmidt, Wochenschr. f. klass. Phil. 1885 S. 1613.

[2]) Dieser hatte die Bühnenweihspiele des Pompejus zu besorgen; vgl. Horaz, Sat. I 10, 38.

[3]) Unter der Via Graeca ist wohl hier die Via Herculana zu verstehen, eine Fortsetzung der uralten Via Herculia, die von Bauli nach Puteoli lief — jetzt vom Wasser
überspült — und von da über Neapel, Herculanum, Pompeji nach Stabiae führte. Man
nannte sie Via Graeca wegen ihres Ursprungs und weil sie die griechischen Ortschaften des
Golfs untereinander verband. Der gichtbrüchige Marius vermied sie wohl, weil sie teilweise
schlecht erhalten war und wegen des steileren Anstiegs vom Strand zu seiner Besitzung.
Er liefs sich wohl lieber durch die Porta Marina und die Stadt in sein Pompejanum
tragen.

ab, hier wie dort beim Schriftstellern das Meer vor Augen.[1]) Im Februar 51, nach dem aufregenden Prozesse gegen Munatius Plancus Bursa[2]), freut sich Cicero unendlich auf das Wiedersehen mit Marius im Frühlinge[3]), aber dieser entführte ihn nach Cilicien: so konnte er das Pompejanum nur auf der Durchreise berühren.[4]) Im J. 50 weilte er etwa vom 10.—13. Dez. auf dieser Besitzung in schwerer Sorge um das Vaterland, denn der Ausbruch des Bürgerkriegs stand vor der Thür[5]), und ebenso eilte er am 12. Mai 49 von seinem Cumanum, wo für ihn die Schiffe zur Ausfahrt nach Osten gerüstet wurden, auf das Pompejanum hinüber, wo ihn der getreue Marius erwartete.[6]) Hier wurde ihm eine aus der Verworrenheit der Lage erklärliche Versuchung bereitet. Ein Bürger der Stadt, Ninnius, kam zu ihm heraus und meldete, am nächsten Morgen wollten die Centurionen dreier Cohorten, die Caesar in die Stadt gelegt hatte, ihm die Stadt übergeben. Cicero fuhr daraufhin am 13. Mai noch vor Tagesanbruch wieder an den Lucrinersee[7]) und sah das Pompejanum in den Stürmen des Kriegs und der Geschäfte nicht wieder vor dem November 46, und auch da nur auf einen Tag.[8]) Im J. 45 hinderte ihn Tullias Tod am Genusse des campanischen Wonnemonats, und im J. 44 nach Caesars Ermordung weilte er zwar vom 3.—10. Mai[9]) auf dem Pompejanum und dann nochmals seit dem 11. Juli[10]), aber in steigender Sorge vor der drohenden Militärdiktatur des Antonius, sodafs er am 17. Juli mit drei 'Zehnriemenbooten' in See stach, um nach Osten zu fahren.[11]) Doch die Liebe zum heimatlichen Boden liefs ihn den Vorsatz nicht ausführen, und schon am 19. August grüfste ihn sein hochgelegenes Pompejanum von neuem, als er es von Süden her mit seinen Schiffen 'anlief'.[12]) —

Worin lag der besondere Reiz dieses Landhauses für ihn?

Das Pompejanum war ihm jederzeit ein Ort stiller Sammlung, wo er im Anschauen einer wundervollen Natur, im geruhigen Verkehr mit wenigen gleichgestimmten Freunden sich selbst und seine humanen Lebensideale wiederfand, wenn sie ihm in den Äufserlichkeiten des üppigen Badelebens von Bajae[13]), in den aufregenden politischen Gesprächen am Lucrinus oder in den Geld- und Geschäftssorgen, die in Puteoli auf ihn einstürmten[14]), gefährdet sah. Deshalb entweicht Cicero so oft nur auf einen oder zwei Tage nach den verhältnismäfsig ruhigen Gefilden der Gräberstrafse vor dem Herculaner Thor, um mit M. Marius zu plaudern, mit dem ihn eine Freundschaft von unvergleichlicher

---

[1]) Ad Q. II 12, 1.   [2]) Briefwechsel S. 71.
[3]) Ep. VII 2.   [4]) Briefwechsel S. 395.
[5]) A. a. O. S. 14.
[6]) Ep. VII 3, 1; Ad Att. X 15, 4; 16, 4; Briefwechsel S. 180.
[7]) A. a. O. S. 414.   [8]) Ep. VII 4; Briefwechsel S. 423.
[9]) Ad Att. XIV 17, 1; 20, 1.   [10]) A. a. O. XVI 2, 4.
[11]) A. a. O. XVI 3, 6: *Haec ego conscendens e Pompeiano tribus actuariolis decemscalmis.*
[12]) A. a. O. XVI 7 fin.: . . *cum Pompeianum accederem, XIIII. Kal.*
[13]) Ad Att. XIV 7, 1: *Baiana negotia chorumque illum* . . .
[14]) Ad Att. V 2, 2: *Habuimus in Cumano quasi pusillam Romam*; vgl. S. 51 f

Zartheit verband[1]), um einen litterarischen[2]) oder politischen Entschlufs[3]) zu
fassen oder einige Stunden sich selbst zu leben.[4]) Was dem grofsen Vater
der italienischen Renaissance im XIV. Jahrh., dem Francesco Petrarca, das stille
Thal von Vaucluse war, das war für Cicero sein Pompejanum; und wenn
Petrarca in seinem berühmten Buche 'Vom einsamen Leben' lehrte, das höchste
Glück des Menschen sei das Lauschen auf die Regungen des eigenen Genius,
so ist er darin wie in anderen Dingen der bewufste Nachahmer Ciceros, der
dieses Glück besonders auf dem Pompejanum genofs. Die umgebende Natur
war dabei nicht gleichgültig: das ewig flutende Meer, das Sinnbild des menschlichen Geisteslebens, und die ringsumher sichtbare Fruchtbarkeit Campaniens
unterstützte ihn auf das glücklichste im litterarischen Schaffen. Liegt doch
das Pompejanum, und darin sehe ich den innersten und stärksten Beweis für
meine oben begründete Ansicht, auf dem schönsten Flecke des ganzen Stadt-
gebietes, der wie kein zweiter zur Anlage eines Ruhesitzes für einen vornehmen
und human empfindenden Römer geschaffen war.

Ich genofs den ganzen Zauber dieses Erdenwinkels, als ich an einem Mai-
tage, wie ihn nur Campanien kennt, meine Aufgabe in Pompeji abgeschlossen
hatte und nun allein bei sinkender Sonne auf dem Erdreich stand, das die
1763 ausgegrabenen, aber dann wieder zugeschütteten Teile der Villa Ciceros
bedeckt. Dieses Erdreich ist weit höher als das Niveau der Strafse, des
Porticus und des daranstofsenden Wirtschaftshofes und senkt sich sanft zum
Meere abwärts. Ich stand also vielleicht auf der Stelle, wo sich ehedem Ciceros
Studierzimmer erhob, jedenfalls aber genofs ich hier dieselbe Aussicht, die ihn
entzückte. Zur linken Hand sah ich die unvergleichlich fein gegliederte Berg-
landschaft, die sich von Castellammare nach Salerno hinüberzieht, im violetten
Duft des Abendscheins leuchten, darin wie orangefarbene Rosen einzelne hellere
Gipfel und im blauen Azur schwimmende Wolkenbällchen; gerade hinaus zu
Füfsen der Ruinen sah ich die grüne Strandebene, zu der einst dicht an
meinem Standpunkte vorüber der Bade- und Bootsweg hinunterführte[5]), dann

---

[1]) S. S. 44 f. Cicero fühlte sich dabei als bewufster Apostel der Humanität; vgl.
Ep. VII 1, 5: *Te ipsum* (sc. Marium) *qui multos annos nihil aliud commentaris, docebo pro-
fecto, quid sit humaniter vivere.* Es ist auffallend, dafs Max Schneidewin in seinem Buche
'Die antike Humanität' in dem Kapitel über die Freundschaft in den antiken humanen
Gesellschaft gerade dieses Verhältnis nicht dargestellt hat.

[2]) Ad Q. II 12, 1.

[3]) Vom 10.—13. Dez. 50, am 12. Mai 49, vom 11.—17. Juli 44, s. oben. So wollte er
auch am 25. Okt. 44, als sich sein Konflikt mit Antonius einer tragischen Lösung zu nähern
schien, vom Puteolanum auf das Pompejanum übersiedeln; vgl. Ad Att. XV 13, 6: *Non
quo hoc loco* (Cumano vel Puteolano) *quicquam pulchrius, sed interpellatores illic minus
molesti.* Aber Stürme und vor allem die Bitten Octavians verhinderten die Ausführung
des Entschlusses; vgl. Ad Att. XVI 11, 1: *Ego me, ut scripseram, in Pompeianum non
abdidi, primum tempestatibus, quibus nihil taetrius, deinde ab Octaviano cotidie litterae, ut
negotium susciperem . . .*

[4]) Ep. VII 1, 5: *Quaero causas omnes aliquando vivendi arbitratu meo . . .*

[5]) Vgl. den beigegebenen Plan S. 57 und das Bild Taf. II Nr. 4.

das purpurfarbene Meer desselben Busens von Stabiae, zu dem sich Cicero und
Marius den Blick gebahnt hatten, aus ihm hob sich wie ein verzauberter
Wächter des Paradieses noch dunkler als das Wasser ein altes Felskastell,
von leiser Flut umrauscht. Aber auch die nähere und nächste Umgebung ist wunderschön. Zwei
Cypressen eines alten Römergrabes rechts unten an der Strafse ragen dunkel
und weihevoll in die linde Luft, und hinter mir liegt wie eine Fata Morgana
die stille Stadt, das tote Gehäuse so reichen und so jäh vernichteten Lebens.
Rings um mich her glühen Hunderte von roten Mohnblumen wie Fackeln aus
dem grünen Gras, flinke Eidechsen huschen über die warmen Steine und eine
grofse schwarze Schlange windet sich wie die Hüterin eines Heiligtums zu
meinen Füfsen. Alles ist still, kein Hauch bewegt die Luft, sogar der Vesuv
zur Rechten, der Zerstörer und Erhalter dieser Gebäude, macht Abendruhe und
läfst nur eine feine weifse Wolke zum blauen Himmel hinaufschweben.

Es ist kein Zweifel: das Pompejanum war seiner Lage nach die Krone
aller Landgüter Ciceros. Hier wie auf dem Tusculanum (s. S. 36) war er
nicht Staatsmann wie in Rom, nicht philosophierender Landedelmann wie auf
dem Arpinas, nicht Repräsentant seines Namens und Gesellschafter wie am
Lucrinus, nicht Vertreter des erwerbenden Standes und Geschäftsmann wie in
Formiae und Puteoli, hier war er auch nicht der heitere Genosse der Seinen
wie in Antium, nicht der leidtragende Vater wie in Astura, sondern hier war
er Mensch im höchsten Sinne des Worts. Und seine Menschlichkeit war doch
schliefslich auch die Krone seines Wesens, die ihm niemand rauben kann, auch
der nicht, der ihn weder als Staatsmann, noch als Redner, noch als Schrift-
steller gelten lassen will. Das rein Menschliche bleibt doch schliefslich das
Gröfste und Erquickendste in seinen Briefen und auch in seinen philosophischen
Schriften, deren unvergänglicher Wert eben darin beruht, dafs sie der Ausflufs
einer lebendigen Persönlichkeit sind und überall den Pulsschlag echten Lebens
fühlen lassen.[1] Nur eine tote Buchstabenkritik kann in Verkennung des
praktischen Gehaltes, der die Hauptsache bleibt, die theoretische Abhängigkeit
von den Griechen in den Vordergrund stellen und ihn des Plagiats bezichtigen.
Oder hat etwa auch ein Grieche ihm die Kunst der Lebensführung vorgelebt,
die allein schon in der Wahl und Benutzung seiner Landhäuser enthalten ist?
Hier steht Cicero durchaus original auf dem festen Boden des eminent praktischen
Römertums.

Und endlich spinnt sich von der Betrachtung seiner Villeggiatur aus auch
ein neuer Faden vom Altertum herüber zur Gegenwart, der den andern solchen
Fäden zuzuzählen ist, die Zielinskis scharfes Auge in seinem bekannten Büch-
lein über Cicero herausgefunden hat.[2] Ciceros Vorbild hat die Umgangsformen
und Lebensgewohnheiten der geistigen und sittlichen Elite aller Völker in
hohem Grade beeinflufst. Sein Villenleben (*peregrinatio*) feierte innerlich und

---

[1] Briefwechsel S. V f.
[2] Zielinski, Cicero im Wandel der Jahrhunderte S. 38 f.

äufserlich seine Auferstehung in den Lebensformen Petrarcas, Poggios[1]), der Medici, kurz im Villenleben der ganzen italienischen Renaissance, und verbreitete sich von Italien aus im XVI. und XVII. Jahrh. als einer der wichtigsten Kulturfaktoren über ganz Europa. Die Solituden, Eremitagen des Adels und der Fürsten und mehr noch das Gartenhaus Goethes vor dem Thore in Weimar an der Ilm hängen aufs engste damit zusammen[2]), und wer heutzutage aus dem Gewühl der Städte in den stillen Wald oder ans rauschende Meer entweicht, der wandelt auf den Spuren des grofsen Arpinaten.

---

[1]) O. E. Schmidt in der Zeitschr. für allgem. Geschichte 1886 S. 421.

[2]) Bielschowsky, Goethe I 298, Bertuch: 'Goethe konnte seinen Weltgeist nicht in einer Ausdünstungspfütze, vulgo Stadt genannt, gefangen nehmen.'